LIEBLINGSSACHEN
SELBST GENÄHT

Die schönsten Wohnaccessoires
für Groß und Klein

Autorinnen

Rabea Rauer und Yvonne Reidelbach/www.kinkibox.de

Fotos und Illustrationen

Ullrich Alber: alle Modellfotos

Fotolia.com: © LeitneR (Stoff, S. 4/5, 30/31, 42/43 und 52/53); © wooster (Knopf)

Was bedeutet …

… ein „Rest"?   Als Rest gelten alle Stoffstücke, die kleiner als 15 cm x 15 cm sind.

… der Schwierigkeitsgrad?   Zu jedem Modell ist ein Schwierigkeitsgrad angegeben, dargestellt durch kleine Blumen. Eine Blume bedeutet „einfach", diese Modelle sind relativ schnell umzusetzen, auch für Nähanfänger. Die Modelle, die mit zwei Blumen gekennzeichnet sind, haben einen mittleren Schwierigkeitsgrad. An die Modelle mit drei Blumen sollten Sie sich nur mit etwas Übung und Geduld wagen, sie sind etwas aufwendiger.

… der Vergrößerungsfaktor?   Alle Schnittmuster in diesem Buch sind verkleinert abgebildet. Bitte vergrößern Sie alle Schnittmuster auf den jeweils angegebenen Prozentwert. Bei allen Schnittmusterteilen sind die Nahtzugaben bereits eingerechnet!

… dieser Pfeil → auf den Schnittmusterseiten?   Dieser Pfeil zeigt auf jedem Schnittmusterteil die Strichrichtung bzw. den Fadenlauf des Stoffes an.

Extra-Service: Alle Schnittmuster auch zum Download

Alle in diesem Buch enthaltenen Schnittmuster haben wir für Sie auf unserer Webseite zum Download als PDF-Dateien bereitgestellt. So können Sie sich die Vorlagen im Format DIN A4 ausdrucken. Das Zusammenfügen mehrseitiger Schnittmuster ist nicht schwierig: Eine Anleitung hierzu finden Sie auf der Webseite. Für den Download der Schnittmuster sind ein PC mit Drucker, ein Internetzugang sowie der Adobe® Acrobat® Reader erforderlich.

Hier geht es zu den Schnittmustern:

www.naumann-goebel.de/lieblingssachen

Inhaltsverzeichnis

Gemütliches für zu Hause

Türkranz im Landhaus-Look

SCHWIERIGKEITSGRAD:

GRÖSSE: ø 40 cm

DAS BRAUCHEN SIE: Schnittmuster S. 64

Baumwollstoff in Rosa mit kleinen Rosen, 60 cm breit, 45 cm lang

Baumwollstoff in Weiß mit großen Rosen, 30 cm breit, 30 cm lang

Baumwollstoff in Grün-Weiß kariert, 40 cm breit, 30 cm lang

Baumwollstoff in Pink mit weißen Punkten, 30 cm breit, 30 cm lang

Häkelspitze in Weiß, 1 cm breit, 65 cm lang

Ripsband in Pink, 1,5 cm breit, 1,20 m lang

Wattevlies, 1 cm dick, 12 cm breit, 7 cm lang

Füllwatte

farblich passendes Garn

SO WIRD'S GEMACHT

Zuschneiden:

aus Baumwollstoff mit kleinen Rosen: 1 x Rückseite im Bruch (Achtung: 2 Bruchkanten!), 2 x Teil 2, 1 x Teil 3, inkl. 1 cm Nahtzugabe;

aus Baumwollstoff mit großen Rosen: 1 x Teil 1, 1 x Teil 2, inkl. 1 cm Nahtzugabe;

aus Baumwollstoff kariert: 1 x Teil 1, 2 x Teil 2, inkl. 1 cm Nahtzugabe;

aus Baumwollstoff gepunktet: 1 x Teil 2, 1 x Teil 3, 1 x Schleife, inkl. 1 cm Nahtzugabe

1. Die Stoffteile für die Vorderseite in der gewünschten Reihenfolge nebeneinanderlegen. Stück für Stück bei exakt 1 cm zusammennähen, der Stoff liegt dabei rechts auf rechts, anschließend die Nahtzugaben auseinanderbügeln. Auf vier der Nähte je ein Stück der Häkelspitze nähen. Etwas Häkelspitze für die Schleife übrig lassen.

2. Die Rückseite des Türkranzes rechts auf rechts auf die Vorderseite stecken, entlang des inneren Kreises nähen, die Nahtzugabe einschneiden und den Kranz umstülpen.

3. Zwischen die Lagen greifen und die Nahtzugaben des äußeren Randes rechts auf rechts fassen, den Stoff daran nach außen ziehen und den äußeren Rand nähen, das genähte Stück wieder nach innen schieben und das nächste Stück wie beschrieben herausziehen und nähen. So Stück für Stück den äußeren Rand bis auf eine kleine Öffnung schließen. Dabei das vierfach gefaltete Ripsband als Aufhängung an beliebiger Stelle zwischen die Nahtzugaben des äußeren Randes fassen. Den Kranz durch die Öffnung mit Watte befüllen und die Öffnung mit einigen Handstichen schließen.

4. Das Wattevlies auf der linken Stoffseite der Schleife platzieren, die Schleife der Länge nach mittig rechts auf rechts falten und die offenen Kanten bis zur Markierung für die Wendeöffnung schließen. Die Schleife wenden, die Wendeöffnung mit einigen Handstichen schließen. Die Schleife mittig mit einem Stück Häkelspitze umwickeln, anschließend mit einigen Handstichen auf den Türkranz nähen.

Dekorativer Stoffkorb

SCHWIERIGKEITSGRAD:

GRÖSSE: 28 cm x 15 cm x 20 cm

DAS BRAUCHEN SIE: Schnittmuster S. 65

Wachstuch in Flieder gemustert, 1,40 m breit, 35 cm lang

Baumwollstoff in Lila, 1,40 m breit, 40 cm lang

Bügeleinlage, mittelstark, 90 cm breit, 40 cm lang

Häkelspitze, 1,5 cm breit, 82 cm lang

3 Dekoblüten zum Aufnähen

farblich passendes Garn

SO WIRD'S GEMACHT

Zuschneiden:

aus Wachstuch: 2 x Vorder- und Rückseite, 2 x Seitenteil, 1 x Boden, 22 cm breit, 30 cm lang, inkl. 1 cm Nahtzugabe;

aus Baumwollstoff: 2 x Vorder- und Rückseite, 2 x Seitenteil, 1 x Boden, 22 cm breit, 30 cm lang, inkl. 1 cm Nahtzugabe, 2 x Henkel, 10 cm breit, 30 cm lang, 1 x Einfassband, 82 cm breit und 4 cm lang;

aus Bügeleinlage: 2 x Vorder- und Rückseite, 2 x Seitenteil, 1 x Boden, inkl. 1 cm Nahtzugabe

1. Alle Schnittteile aus Wachstuch mit Bügeleinlage verstärken. Die Seitenteile jeweils rechts auf rechts an Vorder- und Rückseite nähen. Die Nahtzugaben auseinanderbügeln. Das genähte Oberteil rechts auf rechts auf den Boden stecken und rundherum annähen. Die Nahtzugaben auseinanderbügeln. Den Baumwollstoff auf die gleiche Weise verarbeiten.

2. Die Hülle aus Wachstuch auf rechts drehen und das Futter aus Baumwollstoff hineinstecken, sodass die offenen Kanten links auf links liegen. Die oberen offenen Kanten knappkantig ringsherum vorfixieren.

3. Die kurzen Kanten des Einfassbandes rechts auf rechts zusammennähen, sodass ein Ring entsteht. Die offenen Kanten des Einfassbandes von jeder Seite 2 cm nach innen bügeln, dann nochmals der Länge nach mittig falten. Das Einfassband um die offene Kante des Utensilos klappen und annähen. Anschließend die Spitze rund um das Utensilo nähen. Dabei das Ende der Spitze knapp nach innen einschlagen.

4. Die Griffe an der kurzen Seite je 1 cm einbügeln. Anschließend die Griffe an den langen, offenen Kanten je 2,5 cm nach innen bügeln, dann nochmals der Länge nach mittig falten und bügeln. Die Griffe beidseitig knappkantig absteppen und entsprechend der Markierungen an Vorder- und Rückseite annähen. Die Blüten auf der Vorderseite mit einigen Handstichen fixieren.

Nackenrolle

SCHWIERIGKEITSGRAD:

GRÖSSE: ø 15 cm, 40 cm lang

DAS BRAUCHEN SIE: Schnittmuster S. 65

Baumwollstoff in Gelb mit weißen Punkten, 50 cm breit, 30 cm lang

Baumwollstoff in Gelb gemustert, 50 cm breit, 20 cm lang

Baumwollstoff in Gelb gestreift, 1 m breit, 15 cm lang

1 Nahtreißverschluss, farblich passend, 30 cm lang

1 Nackenrolle, 40 cm lang, ø 15 cm, Umfang 44 cm

farblich passendes Garn

SO WIRD'S GEMACHT

Zuschneiden:

(*Hinweis:* Wenn Sie keine passende Nackenrolle finden, können Sie die Maße der Stoffteile entsprechend anpassen oder den Bezug mit Füllwatte füllen.)

aus Baumwollstoff gepunktet: 1 x 46 cm breit, 8 cm lang, 2 x Seitenteil, inkl. 1 cm Nahtzugabe;

aus Baumwollstoff gemustert, 1 x 46 cm breit, 16 cm lang, inkl. 1 cm Nahtzugabe;

aus Baumwollstoff gestreift, 2 x 46 cm breit, 12 cm lang, inkl. 1 cm Nahtzugabe

1. Alle Stoffteile ringsherum mit Zickzackstich oder Overlockmaschine versäubern. Die Stoffstreifen in der gewünschten Reihenfolge an den langen Seiten bei 1 cm zusammennähen. Der Stoff liegt dabei rechts auf rechts. Anschließend die Nahtzugaben auseinanderbügeln.

2. Den Reißverschluss geöffnet mittig rechts auf rechts jeweils auf die unteren Kanten des Bezugs legen. Nun in der Rille, möglichst nah an den Reißverschlusszähnchen, annähen. Anschließend den Reißverschluss schließen und den Rest der Strecke vor und hinter dem Reißverschluss zusammennähen.

3. Den Reißverschluss öffnen und den Stoff auf links wenden. Nun die runden Seitenteile jeweils rechts auf rechts an die Enden des Stoffschlauchs stecken und rundherum annähen. Anschließend den Bezug wieder auf rechts wenden und die Nackenrolle einpassen.

Tipp

Falls Sie die Nackenrolle aus nur einem bunt gemusterten Stoff nähen möchten, können Sie statt der vier Längsstreifen ein großes Schnittteil (46 cm breit, 42 cm lang) zuschneiden. Achten Sie darauf, dass Ihr Stoff kein Kopfmuster hat. Bei der runden Rolle wäre dieses sonst teilweise verkehrt herum.

Patchworkkissen

SCHWIERIGKEITSGRAD:

GRÖSSE: 40 cm x 40 cm

DAS BRAUCHEN SIE:

Baumwollstoff in Grün geblümt, 70 cm breit, 45 cm lang

Baumwollstoff in Sand mit Print, 80 cm breit, 15 cm lang

Baumwollstoff in Blau-Weiß gestreift, 70 cm breit, 15 cm lang

1 Nahtreißverschluss, farblich passend, 30 cm lang

1 Federkissen, 40 cm x 40 cm

farblich passendes Garn

SO WIRD'S GEMACHT

Zuschneiden:
(*Hinweis:* Schneiden Sie mithilfe von Geodreieck® und Schneiderkreide parallel zur Webkante.)

aus Baumwollstoff geblümt, 1 x 42 cm breit, 42 cm lang (Rückseite) und 5 x 12 cm breit, 12 cm lang, inkl. 1 cm Nahtzugabe;

aus Baumwollstoff mit Print, 6 x 12 cm breit, 12 cm lang, inkl. 1 cm Nahtzugabe;

aus Baumwollstoff gestreift, 5 x 12 cm breit, 12 cm lang, inkl. 1 cm Nahtzugabe

1. Alle Stoffteile ringsherum mit Zickzackstich oder Overlockmaschine versäubern. Die Stoffquadrate in der gewünschten Reihenfolge nebeneinanderlegen. Je vier Stoffquadrate zu einem Streifen bei exakt 1 cm zusammennähen, der Stoff liegt dabei rechts auf rechts. Anschließend die Nahtzugaben auseinanderbügeln.

2. Die vier Streifen an den langen Kanten rechts auf rechts aneinandernähen, sodass ein Quadrat von insgesamt 42 cm x 42 cm entsteht. Vorab unbedingt die Nähte aufeinanderstecken, damit keine Versätze entstehen.

3. Den Reißverschluss geöffnet mittig rechts auf rechts auf die unteren Kanten von Vorder- und Rückseite des Bezugs legen. Nun in der Rille, möglichst nah an den Reißverschlusszähnchen, annähen. Anschließend den Reißverschluss ein Stück schließen und den Bezug, beginnend am Reißverschlussanfang, ringsherum zusammennähen. Der Stoff liegt dabei rechts auf rechts. Den Kissenbezug auf rechts wenden und bügeln, dann das Kissen einpassen.

Rundes Kissen

SCHWIERIGKEITSGRAD:

GRÖSSE: ø 44 cm

DAS BRAUCHEN SIE: Schnittmuster S. 75

Baumwollstoff in Pinktönen, groß gemustert, 90 cm breit, 50 cm lang

Baumwollstoff in Rot, klein gemustert, 60 cm breit, 30 cm lang

Baumwollstoff in Pink, 20 cm breit, 30 cm lang

Baumwollstoff in Rosa, 20 cm breit, 30 cm lang

Bügeleinlage, mittelstark, 15 cm breit, 15 cm lang

1 Knopf, ø 4 cm

Füllwatte

farblich passendes Garn

SO WIRD'S GEMACHT

Zuschneiden:
aus Baumwollstoff groß gemustert: 1 x Rückseite im Bruch (Achtung: 2 Bruchkanten!), 1 x Viertel, 1 x Achtel, inkl. 1 cm Nahtzugabe;
aus Baumwollstoff klein gemustert: 1 x Viertel, 1 x Achtel, inkl. 1 cm Nahtzugabe, 1 x Knopfüberzug;
aus Baumwollstoff in Pink: 1 x Achtel, inkl. 1 cm Nahtzugabe;
aus Baumwollstoff in Rosa: 1 x Achtel, inkl. 1 cm Nahtzugabe;
aus Bügeleinlage: 1 x Knopfüberzug

1. Alle Stoffteile ringsherum mit Zickzackstich oder Overlockmaschine versäubern. Die Stoffteile für die Vorderseite in der gewünschten Reihenfolge nebeneinanderlegen und Stück für Stück an den langen Kanten rechts auf rechts zusammennähen. Anschließend die Nahtzugaben auseinanderbügeln.

2. Die fertige Vorderseite rechts auf rechts auf die Rückseite nähen. Eine Wendeöffnung von ca. 10 cm lassen. Das Kissen wenden und mit reichlich Füllwatte ausstopfen, anschließend die Wendeöffnung mit einigen Handstichen schließen.

3. Den Knopfüberzug mit Bügeleinlage verstärken. Erst etwas Füllwatte, dann den Knopf mittig auf die linke Stoffseite des Knopfüberzugs legen. Mit großen Heftstichen per Hand eine Naht mit doppeltem Faden 2 cm neben die äußere Stoffkante des Kreises setzen. Die Fadenenden fest zusammenziehen, bis der Stoff fest um den Knopf sitzt. Die Fadenenden verknoten und den überstehenden Stoff zurückschneiden. Den bezogenen Knopf mittig auf der Vorderseite des Kissens platzieren und ringsherum mit kleinen Handstichen aufnähen.

Zum Vernaschen schön!

SCHWIERIGKEITSGRAD:

GRÖSSE: ø 8 cm, 10 cm hoch

DAS BRAUCHEN SIE: Schnittmuster S. 80

Dekotörtchen 1 (unten):

Baumwollstoff in Weiß mit kleinen rosa Punkten, 25 cm breit, 10 cm lang

Baumwollstoff in Weiß mit großen rosa Punkten, 25 cm breit, 10 cm lang

Filz in Dunkelbraun, 40 cm breit, 10 cm lang

Zackenborte in Rosa, 1 cm breit, 30 cm lang

Dekotörtchen 2 (oben):

Baumwollstoff in Weiß mit roten Punkten, 25 cm breit, 10 cm lang

Baumwollstoff in Weiß mit roten Blümchen, 25 cm breit, 10 cm lang

Filz in Hellbraun, 40 cm breit, 10 cm lang

Samtband in Rosa, 7 mm breit, 30 cm lang

Dekotörtchen 3 (Mitte):

Baumwollstoff in Rosa mit kleinen Rosen, 15 cm breit, 15 cm lang

Baumwollstoff in Pink mit weißen Punkten, 15 cm breit, 15 cm lang

Filz in Dunkelbraun, 40 cm breit, 10 cm lang

Zackenborte in Pink, 1 cm breit, 30 cm lang

Zusätzlich für insgesamt 3 Törtchen:

Bügeleinlage, mittelstark, 90 cm breit, 30 cm lang

3 Dekoperlen oder -rosen, ø 1 bis 2 cm

Füllwatte

farblich passendes Garn

SO WIRD'S GEMACHT

Zuschneiden:

(*Hinweis:* Die Baumwollstoffe vor dem Zuschneiden mit Bügeleinlage verstärken.)

aus Baumwollstoff in Weiß mit kleinen rosa Punkten: 4 x Dekotörtchen 1, inkl. 7 mm Nahtzugabe;

aus Baumwollstoff in Weiß mit großen rosa Punkten: 4 x Dekotörtchen 1, inkl. 7 mm Nahtzugabe;

aus Baumwollstoff in Weiß mit roten Punkten: 3 x Dekotörtchen 2, inkl. 7 mm Nahtzugabe;

aus Baumwollstoff geblümt: 3 x Dekotörtchen 2, inkl. 7 mm Nahtzugabe;

aus Baumwollstoff in Rosa mit Rosen: 1 x Spirale;

aus Baumwollstoff in Pink mit weißen Punkten: 1 x Dekotörtchen 3, inkl. 7 mm Nahtzugabe;

aus Filz in Dunkelbraun: 4 x Seite Boden, 2 x Boden, inkl. 5 mm Nahtzugabe;

aus Filz in Hellbraun: 2 x Seite Boden, 1 x Boden, inkl. 5 mm Nahtzugabe

1. Törtchen 1 und 2: Die Stoffteile für das Häubchen im Wechsel rechts auf rechts aneinandernähen, anschließend die Nahtzugaben auseinanderbügeln.

2. Törtchen 3: Die Spirale mit einem Knopflochstich auf den gepunkteten Stoff nähen. Entlang der äußeren Kante des Stoffkreises einen Kräuselfaden setzen und die Kante so zusammenziehen, dass der Umfang 28 cm beträgt. Die Fadenenden verknoten und die Weite gleichmäßig verteilen.

3. Linien im Abstand von ca. 7 mm in je unterschiedlichen Farben senkrecht auf die Seitenteile der Böden steppen. Je zwei Seitenteile an den kurzen Kanten 5 mm übereinanderschieben und aufeinandersteppen, sodass ein Ring entsteht.

4. Die Törtchenhaube über den seitlichen Boden stülpen, je eine der Borten über den Übergang von Stoff zu Filz stecken und alle Lagen mit kleinen Handstichen fixieren. Die Törtchen mit Füllwatte befüllen. Den Boden in den Filzring schieben und die Kanten mit feinen Handstichen aneinandernähen. Die Dekoperlen und -rosen mit einigen Handstichen mittig auf die Törtchen nähen.

Schmucke Dekohäuschen

SCHWIERIGKEITSGRAD:

GRÖSSE Häuschen 1: 15 cm x 20 cm x 10 cm,
Häuschen 2: ø 16 cm, Höhe 20 cm

DAS BRAUCHEN SIE: Schnittmuster S. 66

Dekohäuschen 1 (links)

Baumwollstoff in Gelb gemustert, 70 cm breit, 20 cm lang

Baumwollstoff in Rosa-Weiß kariert, 25 cm breit, 20 cm lang

Baumwollstoff in Rosa, 80 cm breit, 25 cm lang

Bügeleinlage, mittelstark, 80 cm breit, 25 cm lang

Schrägband in Rosa mit weißen Punkten, 1 cm breit, 70 cm lang

Rüschenband in Rosa-Weiß kariert, 1,5 cm breit, 40 cm lang

1 Knopf in Rosa-Weiß kariert, ø 2 cm

1 Schleife in Rosa-Weiß kariert

6 Dekoblümchen in Pink, ø 7 mm

farblich passendes Garn

Dekohäuschen 2 (rechts)

Baumwollstoff in Rosa geblümt, 70 cm breit, 15 cm lang

Baumwollstoff in Grün-Rosa kariert, 25 cm breit, 20 cm lang

Baumwollstoff in Pink, 95 cm breit, 20 cm lang

Bügeleinlage, mittelstark, 90 cm breit, 20 cm lang

Schrägband in Rosa-Weiß kariert, 1 cm breit, 65 cm lang

Häkelspitze in Weiß, 1,5 cm breit, 45 cm lang

1 Schleife in Rosa-Weiß kariert

3 Dekoröschen in Pink, ø 7 mm

farblich passendes Garn

SO WIRD'S GEMACHT

Zuschneiden:

Dekohäuschen 1

aus Baumwollstoff gemustert: 2 x Vorder- und Rückseite, 2 x Seite, davon 1 x mit Türausschnitt, inkl. 1 cm Nahtzugabe;

aus Baumwollstoff kariert: 1 x Dach im Bruch, inkl. 1 cm Nahtzugabe;

aus Baumwollstoff in Rosa: 2 x Vorder- und Rückseite, 2 x Seite, davon 1 x mit Türausschnitt, 1 x Dach im Bruch, inkl. 1 cm Nahtzugabe;

aus Bügeleinlage: 2 x Vorder- und Rückseite, 2 x Seite, davon 1 x mit Türausschnitt, 1 x Dach im Bruch, inkl. 1 cm Nahtzugabe

Dekohäuschen 2

aus Baumwollstoff geblümt: 6 x Seite, davon 1 x mit Türausschnitt, inkl. 1 cm Nahtzugabe;

aus Baumwollstoff kariert: 1 x Dach im Bruch, inkl. 1 cm Nahtzugabe;

aus Baumwollstoff in Pink: 6 x Seite, davon 1 x mit Türausschnitt, 1 x Dach im Bruch, inkl. 1 cm Nahtzugabe;

aus Bügeleinlage: 6 x Seite, davon 1 x mit Türausschnitt, 1 x Dach im Bruch, inkl. 1 cm Nahtzugabe

Dekohäuschen 1

1. Die gemusterten Stoffe mit Bügeleinlage verstärken. Auf jede gemusterte Vorder- und Rückseite je eine Vorder- und Rückseite in Rosa rechts auf rechts legen. Mit Bleistift das Fenster auf die linke Stoffseite zeichnen, entlang dieser Linie nähen. Nun die Mitte des Fensters herausschneiden und die

vier Ecken des Fensterausschnitts bis zur Naht einschneiden. Den Stoff in Rosa nach innen schlagen und bügeln.

2. Das karierte Dach rechts auf rechts auf den gemusterten Stoff legen, die Rüsche dazwischenlegen und die Naht schließen. Nun das Dach in Rosa rechts auf rechts auf die Vorder- und Rückseite in Rosa nähen. Wie beschrieben beide Dachseiten verarbeiten.

3. Die Seitenteile rechts auf rechts legen, das bereits genähte Hausteil dazwischenschieben, nacheinander beide Seiten je von unten bis zur Dachspitze nähen. Anschließend das Häuschen umstülpen.

Dekohäuschen 2

1. Gemusterte Stoffe mit Bügeleinlage verstärken. Drei der geblümten Seitenteile rechts auf rechts auf die Seitenteile in Pink legen. Mit Bleistift das Fenster auf die linke Stoffseite zeichnen, danach entlang dieser Linie nähen. Nun die Mitte herausschneiden und die vier Ecken des Fensterausschnitts

bis zur Naht einschneiden. Den Stoff in Pink nach innen schlagen und bügeln.

2. Je ein geblümtes und ein Seitenteil in Pink ohne Fenster rechts auf rechts legen, ein Seitenteil mit Fenster dazwischenschieben. An der jeweils zweiten Seite den Stoff durch die obere oder untere Öffnung ziehen. Die Häkelspitze 1 cm von der oberen Kante entfernt mit einer knappkantigen Steppung rings um das Häuschen fixieren.

3. Die Dächer je rechts auf rechts legen und entlang der markierten Nahtlinie nähen. Anschließend bügeln. Nun die beiden Dächer rechts auf rechts ineinanderlegen und das Häuschen dazwischenschieben, ringsherum nähen, die Nahtzugabe zurückschneiden und das Häuschen umstülpen.

Fertigstellen: Den Türausschnitt sowie die untere Kante beider Häuschen jeweils mit Schrägband einfassen. Dekoblümchen, Knopf, Schleifen und Röschen mit einigen Handstichen an den Häusern befestigen.

Wärmflasche „Froschkönig"

SCHWIERIGKEITSGRAD:

GRÖSSE: 24 cm x 40 cm

DAS BRAUCHEN SIE: Schnittmuster S. 67

Fleece in Hellgrün, 60 cm breit, 40 cm lang

Fleece in Gelb, 50 cm breit, 20 cm lang

Bügeleinlage, mittelstark, 90 cm breit, 80 cm lang

Filzreste in Weiß, Dunkelgrün und Rot

1 Wärmflasche

farblich passendes Garn

SO WIRD'S GEMACHT

Zuschneiden:

aus Fleece in Grün: 1 x Körper Vorderseite im Bruch,
1 x Körper Rückseite oben im Bruch, 1 x Körper Rückseite
unten im Bruch, inkl. 1 cm Nahtzugabe;

aus Fleece in Gelb: 4 x Krone im Bruch, inkl. 1 cm Nahtzugabe;

aus Bügeleinlage: 1 x Körper Vorderseite im Bruch,
1 x Körper Rückseite oben im Bruch, 1 x Körper Rückseite
unten im Bruch, 4 x Krone im Bruch, inkl. 1 cm Nahtzugabe;

aus Filzrest in Weiß: 2 x Auge;

aus Filzrest in Grün: 2 x Pupille, 2 x Nase;

aus Filzrest in Rot: 1 x Herzmund

1. Die Stoffteile mit Bügeleinlage verstärken. Die Pupillen mit einem Knopflochstich auf die Augen nähen. Die Augen, die Nase und den Mund ebenfalls mit dem Knopflochstich jeweils auf die Vorderseite des Körpers nähen. Die Rückseitenteile des Froschs an den geraden Schnittkanten je 2,5 cm einschlagen und umbügeln. Dann die Körperteile des Frosches rechts auf rechts zusammenstecken. Dabei überlappen sich die Eingriffkanten für die Wärmflasche um 2,5 cm. Den Frosch ringsherum zusammennähen, dabei die obere gerade Kante für das Anbringen der Krone aussparen.

2. Jeweils zwei Kronen rechts auf rechts aufeinanderlegen und die Seite zusammennähen. Nun die Kronen rechts auf rechts ineinanderstecken und die Zacken zusammennähen. Die Nahtzugaben knapp zurückschneiden und in die Ecken einschneiden. Die Krone wenden.

3. Die Krone rechts auf rechts auf den Körper des Frosches stecken und ringsherum annähen. Die Krone nach oben klappen und die Wärmflasche im Froschbauch platzieren.

Patchworkdecke

SCHWIERIGKEITSGRAD:

GRÖSSE: 1,37 m x 1,75 m

DAS BRAUCHEN SIE:

3 verschiedene Baumwollstoffe, 1,10 m breit, 45 cm lang

Baumwollstoff in Pink-Weiß kariert, 1,10 m breit, 70 cm lang

Baumwollstoff in Hellblau mit weißen Punkten, 1,40 m breit, 2,80 m lang

Wattevlies, 2 cm dick, 1,40 m breit, 1,80 m lang

farblich passendes Garn

SO WIRD'S GEMACHT

Zuschneiden:
(*Hinweis:* Fertigen Sie sich ein Schnittmuster aus festem Papier in 21 cm x 21 cm an, um die Quadrate exakt auszuschneiden. Schneiden Sie parallel zur Webkante des Stoffes zu.)

aus drei verschiedenen Baumwollstoffen: je 9 Quadrate, 21 cm breit, 21 cm lang, inkl. 1 cm Nahtzugabe;

aus Baumwollstoff kariert: 8 Quadrate, 21 cm breit, 21 cm lang, 4 Quadrate, 23 cm breit, 23 cm lang, inkl. 1 cm Nahtzugabe;

aus Baumwollstoff gepunktet: Rückseite 1 x 1,39 m breit, 1,77 m lang, Rand 2 x 1,35 m breit, 23 cm lang, 2 x 97 cm breit, 23 cm lang, inkl. 1 cm Nahtzugabe

1. Die Stoffquadrate in der gewünschten Reihenfolge nebeneinanderlegen. Reihe für Reihe arbeiten, je 7 Stoffquadrate zu einem Streifen bei exakt 1 cm zusammennähen, der Stoff liegt dabei rechts auf rechts, anschließend die Nahtzugaben auseinanderbügeln.

2. Die fünf Streifen rechts auf rechts an den langen Kanten aneinandernähen, sodass eine Fläche von insgesamt 97 cm x 1,35 m entsteht. Vorab unbedingt die Nähte aufeinanderstecken, damit keine Versätze entstehen. Die Nahtzugaben auseinanderbügeln.

3. Die langen gepunkteten Streifen rechts und links an die langen Seiten des Patchworks nähen. Die größeren karierten Quadrate jeweils rechts und links an die kurzen gepunkteten Streifen nähen. Der Stoff liegt dabei jeweils rechts auf rechts. Wieder alle Nahtzugaben auseinanderbügeln. Anschließend die kurzen Streifen oben und unten rechts auf rechts an das Patchwork nähen und bügeln.

4. Das Patchwork auf das Wattevlies legen und das Vlies ringsherum zuschneiden. Die beiden Lagen mit einer knappkantigen Naht ringsherum fixieren. In der Nahtlinie des Randes und der äußeren karierten Kästchen steppen.

5. Die Rückseite rechts auf rechts auf die Oberseite stecken und ringsherum zusammennähen, dabei eine Wendeöffnung von ca. 30 cm lassen. Die Nahtzugabe und das Vlies in den Ecken zurückschneiden, die Decke umstülpen und vorsichtig bügeln. Zuletzt die Wendeöffnung mit einigen Handstichen schließen.

Bequemer Sitzpouf

SCHWIERIGKEITSGRAD:

GRÖSSE: ø 44 cm, 40 cm hoch

DAS BRAUCHEN SIE: Schnittmuster S. 72

Baumwollstoff in Rot geblümt, 1 m breit, 50 cm lang

Baumwollstoff in Rot gemustert, 1,42 m breit
(die Webkante kann mitbenutzt werden), 42 cm lang

Baumwollstoff in Rot, 60 cm breit, 60 cm lang

Schabrackeneinlage, 1,42 m breit (die Webkante kann
mitbenutzt werden), 90 cm lang

Kordel, ca. 1 cm dick, 2,80 m lang

Füllwatte

farblich passendes Garn

SO WIRD'S GEMACHT

Zuschneiden:
aus Baumwollstoff geblümt: 2 x Boden im Bruch
(Achtung: 2 Bruchkanten!), inkl. 1 cm Nahtzugabe;
aus Baumwollstoff gemustert: 1 x Seitenteil 1,42 m breit,
42 cm lang, inkl. 1 cm Nahtzugabe;
aus Baumwollstoff in Rot: 4 x Schrägband je 4 cm breit,
73 cm lang (im schrägen Fadenlauf, d. h. 45°-Winkel zur
Webkante, zuschneiden);
aus Schabrackeneinlage: 2 x Boden im Bruch (Achtung:
2 Bruchkanten!), 1 x 1,42 m breit, 42 cm lang, inkl. 1 cm
Nahtzugabe

1. Die Schabrackeneinlage auf die Böden und das Seitenteil bügeln. Die kurzen Seiten des Seitenteils rechts auf rechts zusammennähen. Dabei mittig eine Wendeöffnung von 15 cm lassen. 5 mm rechts und links von der Naht die Nahtzugabe niedersteppen.

2. Die zwei Schrägbänder an den kurzen Seiten zu einem Ring zusammennähen. Das Schrägband der Länge nach mittig links auf links falten. Nun das gefaltete Schrägband jeweils auf die rechte Stoffseite eines Bodenteils legen. Alle offenen Kanten liegen direkt übereinander. Das Schrägband knappkantig rings um den Boden nähen, sodass ein Tunnel entsteht, dabei eine kleine Öffnung lassen. Die Kordel in der Länge halbieren und mithilfe einer Sicherheitsnadel in die kleine Öffnung und durch den Tunnel rings um den Boden fädeln. Mit dem zweiten Bodenteil ebenso verfahren.

3. Die Böden rechts auf rechts oben und unten in das Seitenteil stecken und rundherum festnähen. Den Pouf durch die Wendeöffnung wenden und mit reichlich Füllwatte ausstopfen. Die Wendeöffnung mit doppeltem Faden mit einigen Handstichen schließen.

Tipp

Anstelle von Füllwatte können Sie auch nicht mehr getragene, zu kleinen Stücken geschnittene Textilien verwenden.

Leserolle für die Wand

SCHWIERIGKEITSGRAD:

GRÖSSE: 30 cm x 67 cm

DAS BRAUCHEN SIE:

Baumwollstoff in Grün mit Rosenmuster, 1,30 m breit, 20 cm lang

Baumwollstoff in Pink mit grünen Punkten, 1,30 m breit, 20 cm lang

Baumwollstoff in Pink-Weiß kariert, 1,40 m breit, 35 cm lang

Bügeleinlage, mittelstark, 90 cm breit, 80 cm lang

2 Ösen in Gold, ø 2 cm; dazu Ösenwerkzeug

farblich passendes Garn

SO WIRD'S GEMACHT

Zuschneiden:

aus Baumwollstoff mit Rosenmuster: 4 x 32 cm breit, 19 cm lang, inkl. 1 cm Nahtzugabe;

aus Baumwollstoff mit Punkten: 4 x 32 cm breit, 19 cm lang, inkl. 1 cm Nahtzugabe;

aus Baumwollstoff kariert: 1 x 1,38 m breit, 32 cm lang, 1 x 32 cm breit, 8 cm lang, inkl. 1 cm Nahtzugabe;

aus Bügeleinlage: 8 x 19 cm breit, 32 cm lang, 1 x 32 cm breit, 8 cm lang, inkl. 1 cm Nahtzugabe

1. Die Stoffteile mit Bügeleinlage verstärken. Abwechselnd einen Stoff mit Rosenmuster und einen gepunkteten Stoff rechts auf rechts an der langen Seite bei 1 cm zusammennähen. Anschließend die Nahtzugaben auseinanderbügeln.

2. Den karierten Stoff rechts auf rechts auf den Außenstoff legen und entlang der langen Seiten nähen, danach wenden und die Kanten bügeln.

3. Den genähten Schlauch mittig falten und Vorder- und Rückseite in den Nähten aufeinanderstecken, jeweils knappkantig unter- und oberhalb der Naht durch alle Lagen steppen, sodass die Tunnel für die Zeitschriften entstehen.

4. Den schmalen karierten Streifen für die Aufhängung der Länge nach mittig rechts auf rechts falten. Die kurzen Seiten schließen, dann den Streifen wenden und bügeln. Nun eine der beiden noch offenen langen Kanten 1 cm nach innen bügeln. Die glatte, ungebügelte Kante an die obere Kante der Leserolle nähen. Anschließend alle Nahtzugaben in den karierten Streifen bügeln und die noch offene, umgebügelte Kante im Nahtschatten oder knappkantig anstepen.

5. Die Ösen je an der rechten und linken Seite mittig in den karierten Streifen schlagen und mithilfe von zwei Nägeln an einer Wand befestigen.

Bezug für Kleiderbügel

SCHWIERIGKEITSGRAD:

GRÖSSE: 45 cm x 7 cm

DAS BRAUCHEN SIE: Schnittmuster S. 73

Baumwollstoff in Rot mit Vogelmuster, 1 m breit, 15 cm lang

Baumwollstoff in Mint mit weißen Punkten für die Rüsche: 70 cm breit, 4 cm lang

Bügeleinlage, mittelstark, 90 cm breit, 20 cm lang

1 Kleiderbügel

Füllwatte

farblich passendes Garn

SO WIRD'S GEMACHT

Zuschneiden:
(*Hinweis:* Überprüfen Sie bitte zunächst, ob der Schnitt des Kleiderbügels auch bei Ihrem Kleiderbügel passt. Legen Sie dafür den Kleiderbügel auf das Schnittmuster. Es sollten ca. 2 cm Spiel rund um Ihren Kleiderbügel bleiben, ansonsten das Schnittmuster etwas anpassen.)

aus Baumwollstoff in Rot: 2 x Kleiderbügel im Bruch, inkl. 7 mm Nahtzugabe, 2 x Vogel, inkl. 3 mm Nahtzugabe;

aus Bügeleinlage: 2 x Kleiderbügel im Bruch, inkl. 7 mm Nahtzugabe, 2 x Vogel, inkl. 3 mm Nahtzugabe

1. Die Stoffteile mit Bügeleinlage verstärken. Für den Vogel Vorder- und Rückseite rechts auf rechts aufeinanderlegen, ringsherum zusammennähen, dabei eine Wendeöffnung lassen. Den Vogel wenden und mit Watte füllen. Die Wendeöffnung mit einigen Handstichen schließen.

2. Für den Kleiderbügelbezug Vorder- und Rückseite rechts auf rechts aufeinanderlegen und die oberen Kanten von Markierung zu Markierung zusammennähen, dabei eine Öffnung für den Haken aussparen. Die Nahtzugaben zurückschneiden und den Bügelbezug wenden.

3. Die kurzen Seiten des Streifens für die Rüsche knapp nach innen schlagen und bügeln. Den Streifen der Länge nach mittig links auf links falten. Die offenen Kanten mit dem Heftstich, ohne zu verriegeln, mit 5 mm Nahtzugabe zusammennähen. Den Streifen gleichmäßig zur Rüsche raffen, sodass er an den unteren Rand des Bezugs passt.

4. Die Rüsche rechts auf rechts unten auf die Vorderseite des Kleiderbügelbezugs legen und mit 1 cm Nahtzugabe annähen. Den Kleiderbügel im Bezug positionieren und mit etwas Füllwatte aufpolstern. Die offene Kante des rückwärtigen Bügelbezugs 1 cm nach innen klappen und mit Handstichen an die Rüsche nähen. Den Vogel mit einigen Handstichen auf der Vorderseite des Bezugs befestigen.

Nadelkissen „Igel"

SCHWIERIGKEITSGRAD:

GRÖSSE: 20 cm x 14 cm

DAS BRAUCHEN SIE: Schnittmuster S. 68

Baumwollstoff in Rosa-Weiß kariert, 50 cm breit, 20 cm lang

Baumwollstoff in Türkis mit bunten Punkten, 50 cm breit, 20 cm lang

Bügeleinlage, mittelstark, 90 cm breit, 25 cm lang

2 Tieraugen aus Kunststoff oder Glas, ø 1,2 cm

Stickgarn in Rot

Füllwatte

1 Pompon in Rosa, ø 2 cm

farblich passendes Garn

SO WIRD'S GEMACHT

Zuschneiden:
aus Baumwollstoff kariert: 2 x Kopf oben/unten, 2 x Kopf Seite oben, 2 x Kopf Seite unten, 2 x Ohr, 8 x Fuß, inkl. 7 mm Nahtzugabe;

aus Baumwollstoff gepunktet: 6 x Körper, 2 x Ohr, inkl. 7 mm Nahtzugabe;

aus Bügeleinlage: 2 x Kopf oben/unten, 2 x Kopf Seite oben, 2 x Kopf Seite unten, 8 x Fuß, 6 x Körper, inkl. 7 mm Nahtzugabe

1. Die Stoffteile mit Bügeleinlage verstärken. Je ein kariertes Ohrteil rechts auf rechts auf ein gepunktetes Ohrteil an der äußeren Rundung zusammennähen. Die Ohren durch die untere Öffnung wenden. Je zwei karierte Fußteile rechts auf rechts zusammennähen. Dabei an der geraden kurzen Seite eine Öffnung lassen, durch diese die Füße wenden. Anschließend mit Watte füllen.

2. Die seitlichen Kopfteile rechts auf rechts an die mittigen Kopfteile nähen. Den Kopf wenden. Die vier Fußteile jeweils rechts auf rechts knappkantig an den Markierungen auf den unteren Körperteilen fixieren. Ein Körperteil rechts auf rechts auf das nächste untere Körperteil nähen. Dabei an einer Seite eine Wendeöffnung lassen. Die restlichen Körperteile rechts auf rechts zusammennähen, bis der Körper ringsherum geschlossen ist.

3. Die Ohren rechts auf rechts knappkantig an den Markierungen der seitlichen Kopfteile fixieren. Jetzt wird der Körper rechts auf rechts über den Kopf des Igels geschoben und rundherum zusammengenäht. Den Igel anschließend durch die Wendeöffnung wenden.

4. Für die Augen ein kleines Loch an den Markierungen einschneiden, die Augen befestigen und den Mund aufsticken. Den Igel mit Watte füllen und die Wendeöffnung mit einigen Handstichen schließen. Den Pompon mit einigen Stichen als Nase vorn an den Igelkopf nähen.

Praktisches für die Küche

Farbenfrohe Topfhandschuhe

SCHWIERIGKEITSGRAD:

GRÖSSE: 26 cm x 16 cm

DAS BRAUCHEN SIE: Schnittmuster S. 65

Baumwollstoff gemustert, 55 cm breit, 20 cm lang

Baumwollstoff gepunktet, 90 cm breit, 35 cm lang

Wattevlies, ca. 1 cm dick, 55 cm breit, 20 cm lang

Bügeleinlage, mittelstark, 55 cm breit, 40 cm lang

farblich passendes Garn

SO WIRD'S GEMACHT

Zuschneiden:

aus Baumwollstoff gemustert: 2 x Oberteil, inkl. 1 cm Nahtzugabe, 1 x Unterteil im Bruch;

aus Baumwollstoff gepunktet: 2 x Oberteil, inkl. 1 cm Nahtzugabe, 1 x Unterteil im Bruch, 1 x Aufhängerband 10 cm breit, 4 cm lang, 2 x Schrägband 4 cm breit, 39 cm lang (Schrägband im 45°-Winkel zur Webkante zuschneiden);

aus Bügeleinlage: 4 x Oberteil, inkl. 1 cm Nahtzugabe, 2 x Unterteil im Bruch;

aus Wattevlies: 2 x Oberteil, inkl. 1 cm Nahtzugabe, 1 x Unterteil im Bruch

1. Alle Stoffstücke mit Bügeleinlage verstärken. Das Wattevlies knappkantig ringsherum auf die linke Stoffseite des gemusterten Stoffes nähen.

2. Jeweils ein Oberteil des gepunkteten Stoffes entlang des Eingriffs rechts auf rechts auf ein Oberteil des gemusterten Stoffs nähen. Die Nahtzugabe entlang der genähten Kante einschneiden und vorsichtig in Form bügeln.

3. Die Längskanten des Aufhängerbandes zur Mitte nach innen bügeln, anschließend nochmals der Länge nach mittig falten. Das Band an beiden langen Seiten knappkantig absteppen.

4. Das gepunktete Unterteil unter das Wattevlies des gemusterten Unterteils legen. Die Oberteile nun auf dem Unterteil und das Aufhängerband entsprechend der Markierung, auf der rechten Stoffseite mit den offenen Kanten nach außen gerichtet, feststecken und alle Lagen knappkantig ringsum vorfixieren.

5. Die kurzen Seiten der Schrägbänder zusammennähen, sodass ein Ring entsteht. Die Außenkanten des Schrägbandes zur Mitte hin bügeln, danach nochmals der Länge nach mittig falten und bügeln.

6. Das Schrägband aufgeklappt in der ersten gebügelten Faltung rechts auf rechts auf die Vorderseite des Topfhandschuhs nähen. Nähen Sie exakt in der ersten Faltung. Nun das Schrägband auf die Rückseite des Unterteils umschlagen und knappkantig oder im Nahtschatten ansteppen.

Topflappen „Cupcake"

SCHWIERIGKEITSGRAD:

GRÖSSE: 20 cm x 20 cm

DAS BRAUCHEN SIE: Schnittmuster S. 79

Baumwollstoff in Violett gemustert, 50 cm breit, 20 cm lang

Baumwollstoff in Violett-Weiß kariert, 40 cm breit, 10 cm lang

Baumwollstoff in Violett mit weißen Punkten, 25 cm breit, 10 cm lang

Bügeleinlage, mittelstark, 70 cm breit, 20 cm lang

Wattevlies, ca. 1 cm dick, 50 cm breit, 25 cm lang

1 Dekoschleife aus Baumwolle in Violett-Weiß kariert

farblich passendes Garn

SO WIRD'S GEMACHT

Zuschneiden:

aus Baumwollstoff gemustert: 2 x Füllung, inkl. 7 mm Nahtzugabe;

aus Baumwollstoff kariert: 2 x Becher, inkl. 7 mm Nahtzugabe;

aus Baumwollstoff gepunktet: 1 x Boden, inkl. 7 mm Nahtzugabe, 1 x Aufhängerband, 8 cm breit, 4 cm lang;

aus Bügeleinlage: 2 x Füllung, 2 x Becher, inkl. 7 mm Nahtzugabe

1. Die Stoffteile mit Bügeleinlage verstärken. Die Füllungs-Teile jeweils entsprechend der markierten Ansatzlinie mit einem Knopflochstich auf die Becher-Teile aufnähen. Das Wattevlies unter die Cupcake-Seiten legen und knappkantig auf dem Stoff rundherum annähen. Anschließend das Wattevlies ringsum zurückschneiden.

2. Die Kanten des Aufhängerbandes je 1 cm zur Mitte hin bügeln, anschließend der Länge nach mittig falten und die beiden langen Seiten knappkantig absteppen. Das gefaltete Aufhängerband entsprechend der Markierung, auf der rechten Stoffseite mit den offenen Kanten nach außen gerichtet, auf dem Cupcake vorfixieren.

3. Beide Cupcake-Seiten rechts auf rechts stecken, ringsherum nähen und nur die Bodenseite offen lassen. Die Nahtzugabe ringsherum einschneiden und den Cupcake umstülpen. Den Cupcake vorsichtig entlang der Kanten flachbügeln.

4. Den Boden der Länge nach mittig rechts auf rechts falten und die kurzen Seiten schließen. Den Boden wenden und die langen Kanten des Streifens je 1 cm nach innen bügeln. Den gebügelten Boden über die untere Kante des Cupcakes schieben und die offene Kante mit einigen Handstichen auf dem Becher fixieren. Die Dekoschleife ebenfalls mit einigen Handstichen entsprechend der Markierung annähen.

Herzige Schürze

SCHWIERIGKEITSGRAD: **GRÖSSE:** 87 cm x 50 cm

DAS BRAUCHEN SIE: Schnittmuster S. 80

Baumwollstoff mit Törtchen-Print, 1 m breit, 45 cm lang

Baumwollstoff in Pink mit weißen Punkten, 1,40 m breit, 70 cm lang

Baumwollstoff in Pink-Rosa gestreift, 45 cm breit, 55 cm lang (bei Querstreifen)

2 Herzknöpfe in Rosa, ø ca. 1,5 cm

farblich passendes Garn

SO WIRD'S GEMACHT

Zuschneiden:

(*Hinweis:* arbeiten Sie parallel zur Webkante):

aus Baumwollstoff gemustert: 1 x Oberteil im Bruch, 1 x Unterteil, 54 cm breit, 45 cm lang, inkl. 1 cm Nahtzugabe;

aus Baumwollstoff gepunktet: 2 x Bindeband, 65 cm breit, 12 cm lang, 1 x Taillenband, 42 cm breit, 12 cm lang, 1 x Rüsche, 1,40 m breit, 8 cm lang, 1 x Saumblende, 54 cm breit, 15 cm lang, 2 x Schrägband, 4 cm breit, 56 cm lang im schrägen Fadenlauf (45°-Winkel zur Webkante) zuschneiden, inkl. 1 cm Nahtzugabe;

aus Baumwollstoff gestreift: 1 x Nackenband, 8 cm breit, 55 cm lang, 1 x kleine Schürze, 30 cm breit, 33 cm lang, inkl. 1 cm Nahtzugabe, runden Sie zwei gegenüberliegende Kanten ab

1. Das Schürzen-Unterteil längs falten und eine schräge Linie auf den Stoff zeichnen, sodass es sich von 54 cm an der unteren Kante auf 42 cm an der oberen Kante verjüngt. Den Stoff entsprechend zuschneiden.

2. Den Streifen für die Rüsche der Länge nach mittig falten und entlang der offenen Kanten zwei Kräuselfäden mit der größten Stichlänge – ohne zu verriegeln – setzen. Anschließend den Streifen raffen, sodass die Rüsche an die Außenkante der kleinen Schürze passt. Die Rüsche rechts auf rechts an die kleine Schürze nähen. Die Nahtzugabe der Rüsche vorsichtig auf die kleine Schürze bügeln, die kleine Schürze anschließend knappkantig auf das Schürzen-Unterteil aufsteppen. Die kleine Schürze liegt dabei von beiden Seiten aus mittig und direkt an der oberen Kante des Schürzen-Unterteils.

3. Die Saumblende rechts auf rechts an die untere Kante der Schürze nähen und die Nahtzugaben mit Zickzackstich oder der Overlockmaschine versäubern. Die Nahtzugabe nach oben bügeln. Die seitlichen Kanten der Schürze und des Saumes je zweimal 5 mm nach innen bügeln und die Umschläge annähen.

4. Das Nackenband rechts auf rechts falten und entlang der langen Kante nähen, dann umstülpen und bügeln. Die beiden langen Kanten des Schrägbandes zur Mitte hin bügeln, das Band nochmals der Länge nach mittig falten und um die Außenkante des Schürzen-Oberteils legen. Zunächst die beiden Schrägbänder zu einer Spitze zulaufend zusammennähen, die an die mittige Spitze des Oberteils genäht werden kann. Das Nackenband entsprechend der Markierung mit in das Schrägband fassen. Das Schrägband knappkantig an das Oberteil nähen. Das Nackenband nach oben klappen und mit einer knappkantigen Naht am äußeren Rand des Schrägbandes fixieren.

5. Die Bindebänder rechts auf rechts legen und eine der kurzen Seiten abschrägen. Entlang der abgeschrägten Kante und der langen Seite zusammennähen, das Bindeband umstülpen und bügeln. Das Taillenband der Länge nach mittig rechts auf rechts falten, je ein Bindeband an den kurzen Seiten zwischen die Lagen nähen. Anschließend wenden und bügeln. Eine der noch offenen Kanten des Taillenbandes 1 cm nach innen bügeln.

6. Das Taillenband mit der ungebügelten Kante rechts auf rechts auf die obere Kante des Schürzen-Unterteils stecken. Das Oberteil mittig rechts auf rechts darüberstecken und alle Lagen zusammennähen. Die Nahtzugaben in das Taillenband bügeln und die untere, noch offene Kante mit einer knappkantigen Steppung schließen. Das Oberteil nun nach oben bügeln und mit dem Anbringen der beiden Herzknöpfe am Übergang vom Taillenband zum Oberteil fixieren.

Tipp

Für Nähanfänger, oder wenn es schnell gehen soll, empfiehlt es sich, die kleine Schürze und die Rüsche wegzulassen.

Tischläufer mit Bommelrand

SCHWIERIGKEITSGRAD:

GRÖSSE: 48 cm x 2,10 m

DAS BRAUCHEN SIE:

Baumwollstoff in Rot, 1,10 m breit, 1,04 m lang

Baumwollstoff gemustert, 60 cm breit, 35 cm lang

Baumwollstoff gestreift, 20 cm breit, 60 cm lang
(bei Querstreifen)

Satinband in Türkis, 1 cm breit, 2,08 m lang

Satinband in Rot, 1,5 cm breit, 2,08 m lang

Satinband in Türkis, 4 mm breit, 2,08 m lang

Satinband gepunktet, 1 cm breit, 2,08 m lang

Samtband in Rot, 1,8 cm breit, 2,08 m lang

Webband gestreift, 1,5 cm breit, 2,08m lang

Häkelspitze in Rot, 1,5 cm breit, 2,08 m lang

Ripsband in Hellblau, 1 cm breit, 2,08 m lang

Bommelborte in Rot, 3 cm breit, 1,04 m lang

farblich passendes Garn

1. Den Läufer an zwei der kurzen Seiten links auf links bei 1 cm zusammennähen, sodass ein langer Streifen entsteht. Die Nahtzugabe auseinanderbügeln.

2. Die Längskanten der gestreiften und gemusterten Baumwollstreifen je 1 cm nach innen bügeln. Den breiteren gemusterten Streifen mittig über die Naht des Läufers stecken und beidseitig knappkantig aufnähen.

3. Alle Borten, Bänder und Streifen in der gewünschten Reihenfolge auf den Läufer stecken. Es empfiehlt sich, zunächst die Hälfte aller Bänder auf einer Seite festzustecken und anschließend anzunähen. Dann die andere Seite bearbeiten.

4. Alle Außenkanten des Läufers je zweimal 1 cm nach innen bügeln und anschließend ringsherum steppen. Zuletzt die Bommelborte an die kurzen Seiten des Läufers nähen, die Enden knapp nach innen schlagen.

SO WIRD'S GEMACHT

Zuschneiden:

aus Baumwollstoff in Rot: 2 x 1,10 m breit, 52 cm lang,
inkl. 2 cm Nahtzugabe;

aus Baumwollstoff gemustert: 2 x 52 cm breit,
8 cm lang, 1 x 52 cm breit, 22 cm lang, inkl. 1 cm Nahtzugabe;

aus Baumwollstoff gestreift: 4 x 5,5 cm breit,
52 cm lang, inkl. 1 cm Nahtzugabe;

alle Bänder in 4 gleich lange Teile, die Bommelborte
in 2 gleich lange Teile schneiden

Kannenwärmer „Eule"

SCHWIERIGKEITSGRAD:

GRÖSSE: 32 cm x 45 cm

DAS BRAUCHEN SIE: Schnittmuster S. 68/69

Baumwollstoff gemustert, 65 cm breit, 40 cm lang

Baumwollstoff in Blau, 55 cm breit, 40 cm lang

Baumwollstoff in Rot mit weißen Punkten (Futter), 55 cm breit, 40 cm lang

Stoffrest in Blau gestreift, 15 cm breit, 10 cm lang

Stoffrest in Gelb gepunktet, 7 cm breit, 5 cm lang

Filzrest in Weiß, 15 cm breit, 8 cm lang

Filzrest in Braun, 8 cm breit, 5 cm lang

Wattevlies, ca. 1 cm dick, 55 cm breit, 40 cm lang

Bügeleinlage, mittelstark, 90 cm breit, 80 cm lang

farblich passendes Garn

SO WIRD'S GEMACHT

Zuschneiden:

(*Hinweis:* Falls Sie das Schnittmuster vergrößert haben, sollten Sie prüfen, ob Ihre Kanne unter die Eule passt. Eventuell müssen Sie das Schnittmuster etwas anpassen.)

aus Baumwollstoff gemustert: 1 x Körper, inkl. 1 cm Nahtzugabe, 1 x Bauch;

aus Baumwollstoff in Blau: 1 x Körper, inkl. 1 cm Nahtzugabe (gegengleich zum gemusterten Stoff zuschneiden);

aus Baumwollstoff in Rot gepunktet: 2 x Körper, inkl. 1 cm Nahtzugabe;

aus Stoffrest gestreift: 2 x Flügel (nicht gegengleich zuschneiden!);

aus Stoffrest in Gelb gepunktet: 1 x Schnabel;

aus Filz in Weiß: 2 x Auge;

aus Filz in Braun: 2 x Pupille;

aus Bügeleinlage: 4 x Körper, inkl. 1 cm Nahtzugabe, 2 x Flügel (nicht gegengleich zuschneiden!), 1 x Bauch, 1 x Schnabel;

aus Wattevlies: 2 x Körper, inkl. 1 cm Nahtzugabe

1. Alle Stoffteile mit Bügeleinlage verstärken. Bauch, Schnabel und Augen auf die Vorderseite der Eule stecken und mit einem Knopflochstich ringsherum mit jeweils farblich passendem Garn annähen.

2. Das Wattevlies auf die linke Stoffseite der Körper-Teile legen und knappkantig mit geradem Stich ringsherum annähen. Vorder- und Rückseite der Eule rechts auf rechts aufeinanderstecken und zusammennähen, die untere Seite bleibt offen. Das Futter ebenso vorbereiten, hier jedoch eine Wendeöffnung entsprechend der Markierung lassen. Die Nahtzugaben an allen Ecken und Rundungen einschneiden. Die Nahtzugabe an Ohren- und Flügelspitzen zurückschneiden.

3. Die unteren Kanten von Futter und Außenstoff rechts auf rechts aufeinanderstecken und ringsherum nähen. Die Eule durch die Wendeöffnung wenden und die Nahtzugaben des Futters und des Außenstoffs an den Ohren aneinander fixieren. Die Wendeöffnung mit einigen Handstichen schließen.

Hübsches fürs Badezimmer

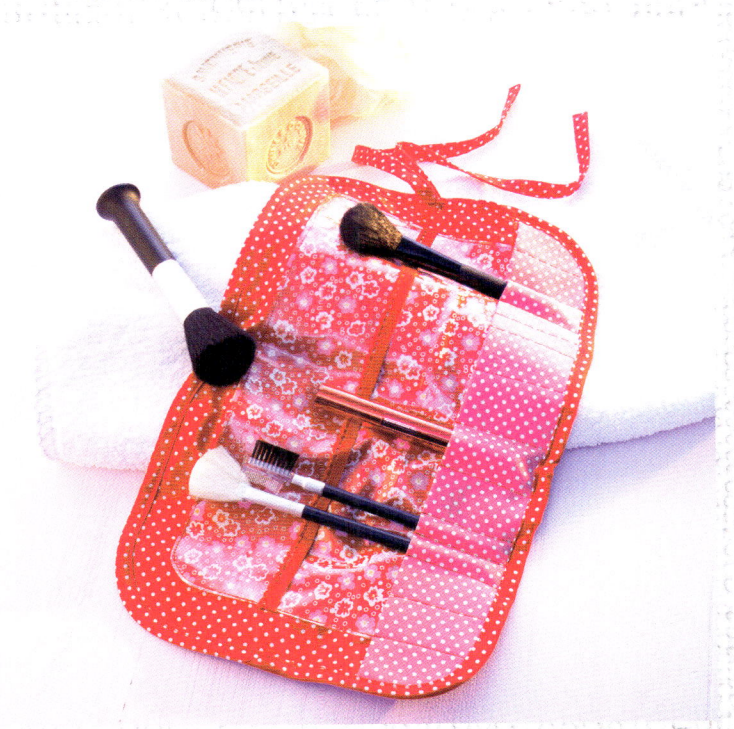

Wachstuch-Utensilo

SCHWIERIGKEITSGRAD:

GRÖSSE: 22 cm x 18 cm x 18 cm

DAS BRAUCHEN SIE:

Wachstuch in Grün mit Blumen, 1,20 m breit, 30 cm lang

Baumwollstoff in Lila mit weißen Punkten, 1,20 m breit, 30 cm lang

Bügeleinlage, mittelstark, 90 cm breit, 60 cm lang

farblich passendes Garn

SO WIRD'S GEMACHT

Zuschneiden:

aus Wachstuch: 2 x Vorder- und Rückseite, 24 cm breit, 26 cm lang, 2 x Seitenteil, 20 cm breit, 26 cm lang, 1 x Boden, 24 cm breit, 20 cm lang, inkl. 1 cm Nahtzugabe;
aus Baumwollstoff: 2 x Vorder- und Rückseite, 24 cm breit, 26 cm lang, 2 x Seitenteil, 20 cm breit, 26 cm lang, 1 x Boden, 24 cm breit, 20 cm lang, inkl. 1 cm Nahtzugabe;
aus Bügeleinlage: 2 x Vorder- und Rückseite, 24 cm breit, 26 cm lang, 2 x Seitenteil, 20 cm breit, 26 cm lang, 1 x Boden, 24 cm breit, 20 cm lang, inkl. 1 cm Nahtzugabe

1. Alle Schnittteile aus Wachstuch mit Bügeleinlage verstärken. Die Seitenteile jeweils rechts auf rechts auf Vorder- und Rückseite nähen. Die Nahtzugaben auseinanderbügeln. Das genähte Oberteil rechts auf rechts auf den Boden stecken und rundherum annähen. Die Nahtzugaben auseinanderbügeln. Den Baumwollstoff auf die gleiche Weise verarbeiten, dabei aber eine seitliche Wendeöffnung lassen.

2. Das Utensilo aus Wachstuch auf rechts drehen und das Utensilo aus Baumwolle darüberstülpen, sodass die offenen Kanten rechts auf rechts aufeinanderliegen, und ringsherum zusammennähen.

3. Das Utensilo durch die Wendeöffnung umstülpen und die Wendeöffnung mit einigen Handstichen schließen. Dann das Utensilo wenden und den oberen Rand nach außen umschlagen.

Tipp

Je nachdem, wofür Sie das Utensilo verwenden möchten, können Sie die angegebenen Maße der Zuschnitte entsprechend vergrößern oder verkleinern.

Robuste Pinselrolle

SCHWIERIGKEITSGRAD:

GRÖSSE: 36 cm x 22 cm (geöffnet)

DAS BRAUCHEN SIE: Schnittmuster S. 70

Wachstuch in Rot geblümt, 70 cm breit, 25 cm lang

Baumwollstoff in Pink mit weißen Punkten, 40 cm breit, 15 cm lang

Baumwollstoff in Rot mit weißen Punkten, 1,20 m breit, 40 cm lang

Bügeleinlage, mittelstark, 70 cm breit, 25 cm lang

Gummiband in Rot, 1 cm breit, 32 cm lang

farblich passendes Garn

SO WIRD'S GEMACHT

Zuschneiden (keine Nahtzugabe hinzufügen!):
aus Wachstuch: 1 x Rückseite im Bruch, 1 x Wachstuch innen im Bruch;
aus Baumwollstoff in Pink: 1 x Pinselhalterung im Bruch;
aus Baumwollstoff in Rot: 1 x Vorderseite im Bruch, 2 x Bindeband, 30 cm breit, 4 cm lang, 2 x Schrägband (Achtung: Fadenlauf im 45°-Winkel anlegen), 4 cm breit, 56 cm lang;
aus Bügeleinlage: 1 x Vorderseite im Bruch, 1 x Pinsel-halterung im Bruch

1. Die Stoffteile mit Bügeleinlage verstärken. Das innere Wachstuch links auf rechts auf die Vorderseite aus rotem Stoff legen, das Gummiband auf dem Wachstuch platzieren und die Enden des Gummibandes je 1 cm unter das Wachstuch schieben. Das Wachstuch knappkantig ringsherum aufsteppen. Das Gummiband entsprechend den Markierungen auf das Wachstuch steppen, um die Unterteilungen für die Pinsel zu schaffen.

2. Die Pinselhalterung an der Umbruchkante bügeln und auf der Vorderseite platzieren. Mit einer knappkantigen Steppung am äußeren Rand die Halterung auf der Vorderseite fixieren. Anschließend die Unterteilungen absteppen. Dabei exakt nach den Abständen der Steppungen des Gummibands richten.

3. Die kurzen Seiten des Schrägbandes zusammennähen, sodass ein Ring entsteht. Die äußeren Kanten des Schrägbandes nach innen bügeln, dann nochmals der Länge nach mittig falten und bügeln. Auf die gleiche Weise die Bindebänder bügeln. Die Bindebänder knappkantig absteppen, die kurzen Seiten an jeweils einer Seite nach innen schlagen.

4. Die Vorder- und Rückseite der Pinselrolle links auf links aufeinanderlegen, beide Bindebänder entsprechend der Markierung auf einer Seite platzieren. Nun beide Lagen knappkantig ringsherum vorfixieren. Zuletzt das Schrägband rings um die Pinselrolle nähen.

Wäschesack

SCHWIERIGKEITSGRAD:

GRÖSSE: 37 cm x 47 cm

DAS BRAUCHEN SIE:

Baumwollstoff in Bunt bedruckt, 80 cm breit, 65 cm lang

Baumwollstoff in Grün mit weißen Punkten, 80 cm breit, 10 cm lang

Ripsband in Grün, 1 cm breit, 1,50 m lang

1 Kordel in Grün, ø ca. 5 mm, 1,10 m lang

farblich passendes Garn

SO WIRD'S GEMACHT

Zuschneiden:
aus Baumwollstoff bedruckt: 2 x Vorder- und Rückseite, 40 cm breit, 50 cm lang, inkl. 1 cm Nahtzugabe, die unteren Ecken nach Wunsch leicht abgerundet zuschneiden;
2 x Beleg, 40 cm breit, 12 cm lang, inkl. 1 cm Nahtzugabe;
aus Baumwollstoff gepunktet: 2 x 40 cm breit, 10 cm lang, inkl. 1 cm Nahtzugabe

1. Die Vorder- und Rückseite des Wäschesacks zusammennähen, der Stoff liegt dabei rechts auf rechts, die obere Kante bleibt offen. Die Nahtzugabe anschließend mit Zickzackstich oder der Overlockmaschine versäubern und bügeln.

2. Die Belege rechts auf rechts stecken. Das Ripsband halbieren und je zwei Enden 6 cm von der oberen Kante entfernt von rechts zwischen die beiden Belegstücke stecken. Die kurzen Seiten der Belege schließen, sodass ein Ring entsteht. Die Nahtzugaben auseinanderbügeln. Die untere Kante des Belegs versäubern.

3. Den Beleg rechts auf rechts an die obere Kante des Wäschesacks stecken, dann ringsum annähen und den Beleg nach innen in den Wäschesack bügeln.

4. Zwei 1 cm lange Knopflöcher in einen der gepunkteten Stoffstreifen nähen. Die Knopflöcher sollten mittig, mit einem Abstand von 3 cm voneinander, platziert sein. Die beiden gepunkteten Stoffstreifen für den Tunnelzug rechts auf rechts aufeinanderstecken und die kurzen Seiten schließen, sodass ein Ring entsteht. Anschließend die Nahtzugaben auseinanderbügeln. Die obere und untere Kante je 1 cm nach innen bügeln.

5. Den gepunkteten Stoffring 7 cm von der oberen Kante entfernt außen auf den Wäschesack stecken, den Beleg gleichmäßig mit feststecken. Den Stoffring an der oberen und unteren Kante knappkantig aufnähen. Danach knapp ober- und unterhalb der Knopflöcher je eine Naht für den Tunnel steppen. Achten Sie darauf, dass Sie nicht versehentlich über das Ripsband nähen. Zuletzt die Kordel mithilfe einer Sicherheitsnadel durch den Tunnel fädeln und die Kordelenden verknoten.

Leuchtturm-Husse

SCHWIERIGKEITSGRAD:

GRÖSSE: ø 18 cm, 44 cm hoch

DAS BRAUCHEN SIE: Schnittmuster S. 72/73

Baumwollstoff in Blau-Weiß gestreift, 80 cm breit, 25 cm lang

Baumwollstoff in Blau mit Schiffchenprint, 70 cm breit, 20 cm lang

Baumwollstoff in Weiß mit Wolkenprint, 60 cm breit, 25 cm lang

Baumwollstoff in Weiß, 60 cm breit, 20 cm lang

Baumwollstoff in Rot, 15 cm breit, 15 cm lang

Futterstoff in Weiß, 70 cm breit, 40 cm lang

Bügeleinlage, stark, 90 cm breit, 60 cm lang

Häkelspitze, 1 cm breit, 20 cm lang

3 Knöpfe mit maritimen Motiven, ø 1,5 bis 2,5 cm

1 Zahnstocher

farblich passendes Garn

SO WIRD'S GEMACHT

Zuschneiden:

aus Baumwollstoff gestreift: 1 x Leuchtturm unten im Bruch, 1 x Türmchen, 25,5 cm breit, 7 cm lang, inkl. 1 cm Nahtzugabe;

aus Baumwollstoff mit Schiffchen: 1 x Leuchtturm Mitte im Bruch, inkl. 1 cm Nahtzugabe;

aus Baumwollstoff mit Wolken: 1 x Leuchtturm oben im Bruch, inkl. 1 cm Nahtzugabe;

aus Baumwollstoff in Weiß: 1 x Dach, 1 x Boden, inkl. 1 cm Nahtzugabe;

aus Baumwollstoff in Rot: 1 x Fahne;

aus Futterstoff: 1 x Futter im Bruch, 1 x Boden Futter, inkl. 1 cm Nahtzugabe;

aus Bügeleinlage: 1 x Dach, 1 x Türmchen, 25,5 cm breit, 7 cm lang, 1 x Boden, 1 x Leuchtturm oben im Bruch, 1 x Leuchtturm Mitte im Bruch, 1 x Leuchtturm unten im Bruch, inkl. 1 cm Nahtzugabe, 1 x Fahne

1. Alle Stoffteile mit Bügeleinlage verstärken. Das Dach an den geraden Seiten rechts auf rechts zusammennähen. Die Nahtzugaben zurückschneiden, auseinanderbügeln und das Dach wenden. Das Türmchen an den kurzen Seiten rechts auf rechts zusammennähen. Das Dach rechts auf rechts in das Türmchen schieben. ringsherum nähen und wenden. Den inneren Kreis des Bodens im Abstand von je 9 mm einschneiden und rechts auf rechts um das Türmchen stecken, dann ringsum annähen.

2. Das obere Teil des Leuchtturms rechts auf rechts an das mittlere nähen, dann das mittlere rechts auf rechts an das untere Teil nähen. Die Nahtzugaben auseinanderbügeln. Die langen Seiten des Leuchtturms rechts auf rechts zusammennähen, sodass ein Ring entsteht. Die Nahtzugaben auseinanderbügeln.

3. Das Futter an den langen Seiten rechts auf rechts zusammennähen und bügeln. Dann rechts auf rechts über den unteren Teil des Leuchtturms schieben und ringsherum nähen. Den kompletten Leuchtturm wenden. Den Boden aus Futterstoff links auf links an das Futter des Leuchtturms nähen. Den Leuchtturm wieder wenden.

4. Die Häkelspitze mit einigen Handstichen entlang der oberen Kante des Leuchtturms annähen, die Knöpfe nach Belieben auf dem Turm befestigen. Die Fahne mittig falten und mit einem Zickzackstich über die offenen Kanten nähen. Den Zahnstocher vorsichtig in die Fahne und dann in die Leuchtturmspitze stecken, am Leuchtturm mit einigen Handstichen fixieren.

Kunterbunt
im Kinderzimmer

Wimpelkette im Mustermix

SCHWIERIGKEITSGRAD:

GRÖSSE: 20 cm x 3,60 m

DAS BRAUCHEN SIE: Schnittmuster S. 74/75

6 Baumwollstoffe mit unterschiedlichen Prints, je 1,40 m breit, 25 cm lang

Baumwollstoff in Grün-Weiß kariert, 1,22 m breit, 18 cm lang

farblich passendes Garn

SO WIRD'S GEMACHT

Zuschneiden:

aus Baumwollstoff 1 (Welle): 7 x Dreieck, inkl. 1 cm Nahtzugabe;

aus Baumwollstoff 2 (Elefant): 2 x Dreieck, 3 x Pfeil, inkl. 1 cm Nahtzugabe, 3 x Herz;

aus Baumwollstoff 3 (Käfer): 2 x Herz groß, 3 x Oberteil Raute, 1 x Dreieck, inkl. 1 cm Nahtzugabe, 1 x Herz;

aus Baumwollstoff 4 (Pilz): 1 x Herz groß, 3 x Rechteck, 1 x Raute, 2 x Oberteil Raute, inkl. 1 cm Nahtzugabe;

aus Baumwollstoff 5 (in Rot mit Punkten): 2 x Herz groß, 5 x Raute, 1 x Oberteil Raute, 3 x Streifen, inkl. 1 cm Nahtzugabe, 2 x Herz;

aus Baumwollstoff 6 (Fuchs): 3 x Pfeil, 3 x Rechteck, 1 x Herz groß, inkl. 1 cm Nahtzugabe;

aus Baumwollstoff kariert, 3 x 1,22 m breit, 6 cm lang, inkl. 1,5 cm Nahtzugabe

1. Die kleinen Herzen auf den gewünschten Dreiecken platzieren und mit einem Knopflochstich ringsherum aufnähen. Die langen Kanten der Streifen je 1 cm nach innen bügeln, die gebügelten Streifen beidseitig knappkantig auf der gewünschten Höhe auf die Rechtecke nähen.

2. Die Rauten rechts auf rechts an die Oberteile der Rauten nähen, die Nähte bügeln und die Nahtzugaben zurückschneiden.

3. Je zwei passende Wimpel rechts auf rechts aufeinandernähen. Die obere Kante bleibt offen. Bei den großen Herzen bleiben beide Einfassränder offen. Die Nahtzugaben in allen Ecken zurückschneiden, die Nahtzugaben der großen Herzen an der Oberseite mittig einschneiden, die Wimpel wenden und bügeln.

4. Die karierten Stoffstreifen an zwei kurzen Seiten zu einem langen Einfassband zusammennähen. Die Nahtzugaben auseinanderbügeln. Entlang der ganzen Länge beide Außenkanten zur Mitte bügeln, anschließend nochmals der Länge nach mittig falten und bügeln. Die kurzen Seiten je 1 cm nach innen bügeln.

5. Die Wimpel in der gewünschten Reihenfolge mit einem Abstand von je 5 cm zwischen das gebügelte Einfassband stecken, am Anfang und Ende der Kette bleiben je ca. 14 cm des Bandes ohne Wimpel. Das Band knappkantig absteppen.

Monster-Sitzsack

SCHWIERIGKEITSGRAD:

GRÖSSE: ø 1 m, 1,10 m hoch

DAS BRAUCHEN SIE: Schnittmuster S. 78/79

Baumwollstoff in Grün, 1,20 m breit, 1,20 m lang

Baumwollstoff Blau mit grünen Punkten, 1,20 m breit, 2,20 m lang

Baumwollstoff mit Lolliprint, 80 cm breit, 60 cm lang

Bügeleinlage, mittelstark, 1,20 m breit, 3,80 m lang

Filz in Weiß, 60 cm breit, 20 cm lang

Filz in Schwarz, 45 cm breit, 10 cm lang

Füllwatte

Styroporkügelchen, klein, 30 Liter

farblich passendes Garn

SO WIRD'S GEMACHT

Zuschneiden:

aus Baumwollstoff in Grün: 1 x Körper im Bruch, inkl. 1 cm Nahtzugabe;

aus Baumwollstoff gepunktet: 1 x Körper im Bruch, 1 x Boden im Bruch (Achtung: 2 Bruchkanten!), inkl. 1 cm Nahtzugabe;

aus Baumwollstoff mit Print: 1 x Bauch im Bruch, inkl. 1 cm Nahtzugabe;

aus Filz in Weiß: 2 x Auge, 3 x Zahn;

aus Filz in Schwarz: 2 x Pupille, 1 x Mund;

aus Bügeleinlage: 2 x Körper im Bruch, 1 x Bauch im Bruch, 1 x Boden im Bruch (Achtung: 2 Bruchkanten!), inkl. 1 cm Nahtzugabe

1. Die Stoffteile mit Bügeleinlage verstärken. Die Pupillen mit einem Knopflochstich auf die Augen nähen. Augen, Mund, Zähne und Bauch auf die Vorderseite des Sitzsacks stecken, alle Teile ringsherum ebenfalls mit einem Knopflochstich aufnähen.

2. Vorder- und Rückseite des Sitzsacks rechts auf rechts legen und ringsherum zusammennähen, dabei die Unterseite offen lassen und die Wendeöffnung aussparen. Die Nahtzugabe in den Ecken und Rundungen einschneiden. Die Nahtzugabe an den Ohren zurückschneiden.

3. Den Boden rechts auf rechts in den Körper stecken und rundherum annähen. Den Sitzsack durch die Wendeöffnung wenden.

4. Das Monster nach Belieben mit Füllwatte und den Styroporkügelchen befüllen. Zuletzt die Wendeöffnung mit einigen Handstichen schließen.

Zirkuszelt-Utensilo

SCHWIERIGKEITSGRAD:

GRÖSSE: 68 cm x 68 cm

DAS BRAUCHEN SIE: Schnittmuster S. 76/77

Baumwollstoff in Rot mit Zackenprint, 70 cm breit, 40 cm lang

Baumwollstoff in Rot-Weiß gestreift, 75 cm breit, 50 cm lang

Baumwollstoff in Rot, 15 cm breit, 15 cm lang

Baumwollstoff mit Giraffenprint, 50 cm breit, 25 cm lang

Baumwollstoff mit Elefantenprint, 50 cm breit, 25 cm lang

Baumwollstoff mit Löwenprint, 55 cm breit, 25 cm lang

Bügeleinlage, mittelstark, 90 cm breit, 80 cm lang

Schabrackeneinlage, 70 cm breit, 70 cm lang

Bommelborte in Rot, 1 cm breit, 1,90 m lang

Schrägband in Rot, 1 cm breit, 2,50 m lang

3 Ösen in Gold, ø 1,1 cm; dazu Ösenwerkzeug

1 Zahnstocher

farblich passendes Garn

SO WIRD'S GEMACHT

Zuschneiden:
aus Baumwollstoff in Rot mit Zackenprint: 1 x Dachmitte im Bruch, 2 x Dach außen, inkl. 1 cm Nahtzugabe;

aus Baumwollstoff gestreift: 1 x Zelt oben im Bruch, 1 x Zelt unten im Bruch;

aus Baumwollstoff in Rot: 1 x Dachspitze im Bruch, 1 x Fahne;

aus Baumwollstoff mit Giraffenprint: 2 x Tasche 1 im Bruch, inkl. 1 cm Nahtzugabe;

aus Baumwollstoff mit Elefantenprint: 2 x Tasche 1 im Bruch, inkl. 1 cm Nahtzugabe;

aus Baumwollstoff mit Löwenprint: 1 x Tasche 1 im Bruch, 1 x Tasche 2 im Bruch, inkl. 1 cm Nahtzugabe;

aus Bügeleinlage: 1 x Dachmitte im Bruch, 2 x Dach außen, 1 x Zelt oben im Bruch, 1 x Zelt unten im Bruch, 1 x Dachspitze im Bruch, 1 x Fahne

1. Die Stoffteile mit Bügeleinlage verstärken. Die seitlichen Kanten der Taschen je 1 cm nach innen, die oberen Kanten der Taschen entsprechend der Markierung nach innen bügeln. Je ein Stück Bommelborte auf die oberen Taschenkanten nähen, dabei Anfang und Ende jeweils nach innen einschlagen. Die Taschen jeweils an beiden Seiten knappkantig auf das obere bzw. untere Zeltteil nähen.

2. Die Dachaußenseiten rechts auf rechts auf die Dachmitte nähen. Die Nahtzugaben auseinanderbügeln und die Nähte beidseitig von außen absteppen.

3. Alle Teile entsprechend der markierten Ansatzlinien übereinanderstecken, die Schabrackeneinlage darunterstecken und ringsherum zurückschneiden. Die Teile mit einem engen Zickzackstich über die Kanten hinweg zusammennähen. Die restliche Bommelborte auf die Verbindung zwischen Dach und Zelt nähen.

4. Das Schrägband knappkantig rings um das Zelt nähen, die Enden dabei einschlagen. Die Fahne mittig falten und mit einen Zickzackstich über die offenen Kanten nähen. Der Zahnstocher vorsichtig in die Fahne stecken und dann auf der Zeltspitze mit einigen Handstichen fixieren. Die Ösen entsprechend der Markierungen anbringen.

Spieluhr „Schnecke"

SCHWIERIGKEITSGRAD:

GRÖSSE: 28 cm x 16 cm

DAS BRAUCHEN SIE: Schnittmuster S. 71

Baumwollstoff in Blau-Weiß kariert, 70 cm breit, 25 cm lang

Baumwollstoff in Weiß mit bunten Punkten, 50 cm breit, 20 cm lang

Baumwollstoff in Rosa-Weiß kariert, 15 cm breit, 10 cm lang

Bügeleinlage, mittelstark, 90 cm breit, 45 cm lang

Spieluhr

Füllwatte

Stickgarn in Rosa für Augen und Mund

farblich passendes Garn

SO WIRD'S GEMACHT

Zuschneiden:
aus Baumwollstoff in Blau-Weiß kariert: 2 x Körper, inkl. 7 mm Nahtzugabe;

aus Baumwollstoff gepunktet: 2 x Haus, inkl. 7 mm Nahtzugabe;

aus Baumwollstoff in Rosa-Weiß kariert: 4 x Fühler, inkl. 7 mm Nahtzugabe, 1 x Aufhängeband, 4 cm breit, 10 cm lang;

aus Bügeleinlage: 2 x Körper, 2 x Haus, 4 x Fühler, inkl. 7 mm Nahtzugabe

1. Die Stoffteile mit Bügeleinlage verstärken. Jeweils zwei Fühler rechts auf rechts zusammennähen, die kurze Seite bleibt dabei jeweils offen. Die Nahtzugaben knapp zurückschneiden und die Fühler wenden. Dann rechts auf rechts am Kopf der Schnecke vorfixieren.

2. Jeweils ein Haus rechts auf rechts entsprechend der Markierung an den Körper nähen. Die offenen langen Kanten des Aufhängebandes zur Mitte bügeln, dann nochmals der Länge nach mittig falten und knappkantig absteppen. Das Aufhängeband mittig falten und entsprechend der Markierung am Haus vorfixieren.

3. Die Schnecke rechts auf rechts zusammennähen, dabei eine Wendeöffnung an der unteren Bauchseite lassen. Die Nahtzugabe zurückschneiden und in den Rundungen einschneiden. Die Schnecke wenden und mit Watte füllen, dabei etwas Platz für die Spieluhr lassen. Die Spieluhr im Körper platzieren und die Wendeöffnung mit einigen Handstichen schließen, sodass die Aufziehschnur heraushängt. Die Augen und den Mund aufsticken.

Kuschelweiches Trösterchen

SCHWIERIGKEITSGRAD:

GRÖSSE: 23 cm x 18 cm

DAS BRAUCHEN SIE: Schnittmuster S. 71

Nickistoff in Gelb-Orange gestreift, 40 cm breit, 40 cm lang

Baumwollstoff in Weiß mit bunten Punkten, 25 cm breit, 20 cm lang

Baumwollstoff in Orange-Weiß kariert, 15 cm breit, 10 cm lang

Fleece in Gelb, 15 cm breit, 10 cm lang

Bügeleinlage, mittelstark, 90 cm breit, 40 cm lang

Filzreste in Orange und Pink für Augen und Pupillen

Stickgarn in Pink

Füllwatte

farblich passendes Garn

SO WIRD'S GEMACHT

Zuschneiden:
aus Nickistoff: 2 x Vorder- und Rückenteil oben im Bruch, 1 x Rückenteil unten im Bruch, inkl. 7 mm Nahtzugabe;

aus Baumwollstoff gepunktet: 1 x Vorderteil unten im Bruch, 2 x Ohr, inkl. 7 mm Nahtzugabe;

aus Baumwollstoff kariert: 2 x Arm, 1 x Ohr, inkl. 7 mm Nahtzugabe;

aus Fleece: 2 x Arm, 1 x Ohr, inkl. 7 mm Nahtzugabe;

aus Bügeleinlage: 2 x Vorder- und Rückenteil oben im Bruch, 2 x Vorder- und Rückenteil unten im Bruch, 4 x Ohr, 4 x Arm, inkl. 7 mm Nahtzugabe;

aus Filz in Orange: 1 x Auge, 1 x Pupille;

aus Filz in Pink: 1 x Auge, 1 x Pupille

1. Die Stoffteile mit Bügeleinlage verstärken. Je ein Ohr-Teil aus kariertem und gepunktetem Stoff sowie je ein Ohr-Teil aus gepunktetem Stoff und Fleece rechts auf rechts aufeinandernähen. Die Arm-Teile paarweise rechts auf rechts zusammennähen. Dabei je eine Wendeöffnung an der geraden Seite lassen. Alle Teile wenden und mit Watte füllen.

2. Die Pupillen mit Knopflochstich auf die Augen und die Augen oben auf die Vorderseite nähen. Das obere und untere Vorderteil rechts auf rechts zusammennähen. Das Rückenteil oben und das Rückenteil unten rechts auf rechts zusammennähen, dabei eine Wendeöffnung lassen.

3. Arme und Ohren jeweils rechts auf rechts knappkantig an den Markierungen am Vorderteil fixieren. Das Rückenteil rechts auf rechts auf das Vorderteil legen und rundherum zusammennähen. Die Nahtzugabe in den Rundungen einschneiden. Durch die Wendeöffnung wenden und mit Watte füllen. Die Wendeöffnung mit einigen Handstichen schließen und mit Stickgarn den Mund aufsticken.

Schnittmuster

Türkranz im Landhaus-Look, S. 6/7
auf 200 % vergrößern

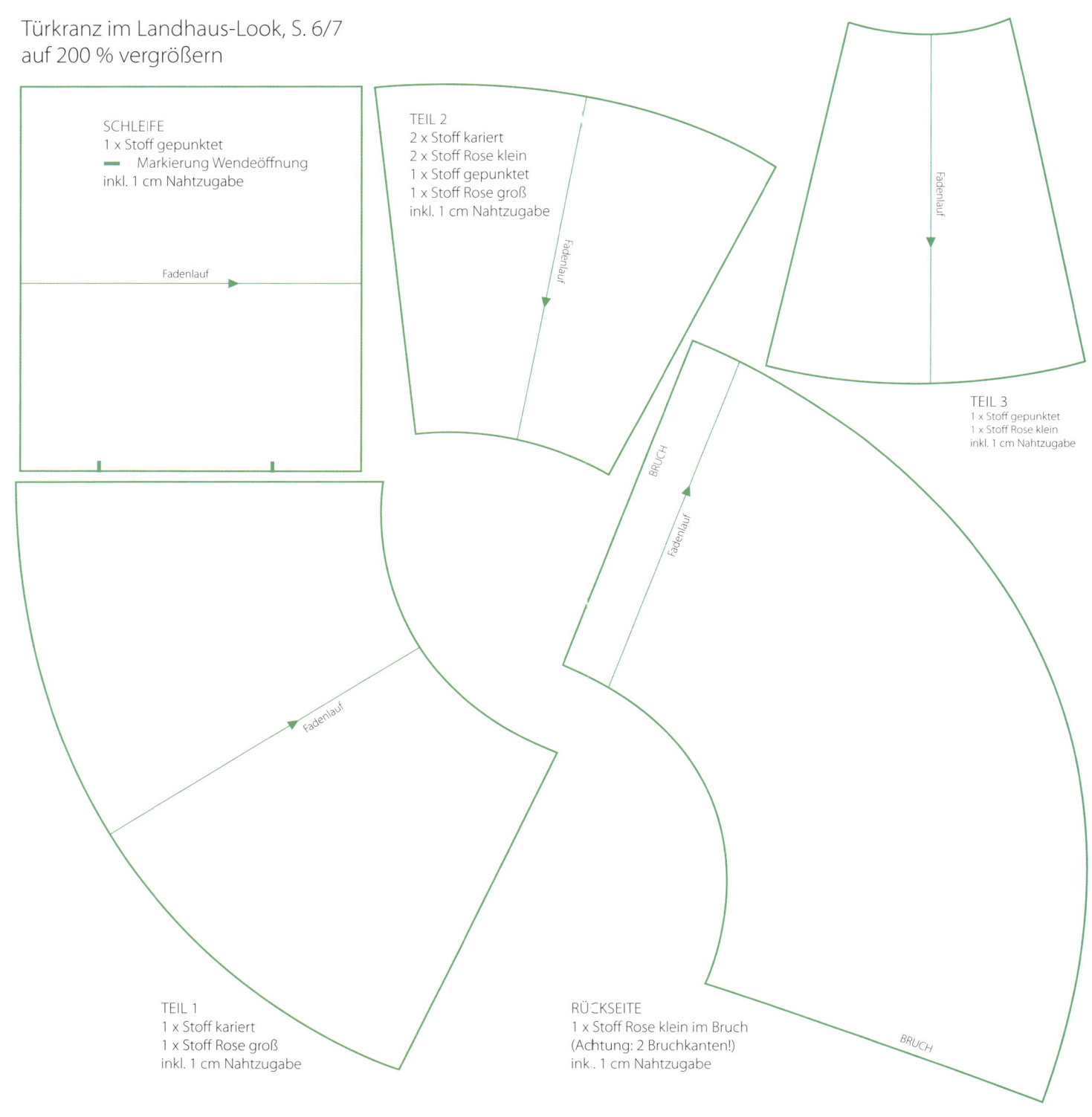

SCHLEIFE
1 x Stoff gepunktet
— Markierung Wendeöffnung
inkl. 1 cm Nahtzugabe

Fadenlauf

TEIL 2
2 x Stoff kariert
2 x Stoff Rose klein
1 x Stoff gepunktet
1 x Stoff Rose groß
inkl. 1 cm Nahtzugabe

Fadenlauf

Fadenlauf

TEIL 3
1 x Stoff gepunktet
1 x Stoff Rose klein
inkl. 1 cm Nahtzugabe

BRUCH

Fadenlauf

Fadenlauf

TEIL 1
1 x Stoff kariert
1 x Stoff Rose groß
inkl. 1 cm Nahtzugabe

RÜCKSEITE
1 x Stoff Rose klein im Bruch
(Achtung: 2 Bruchkanten!)
ink. 1 cm Nahtzugabe

BRUCH

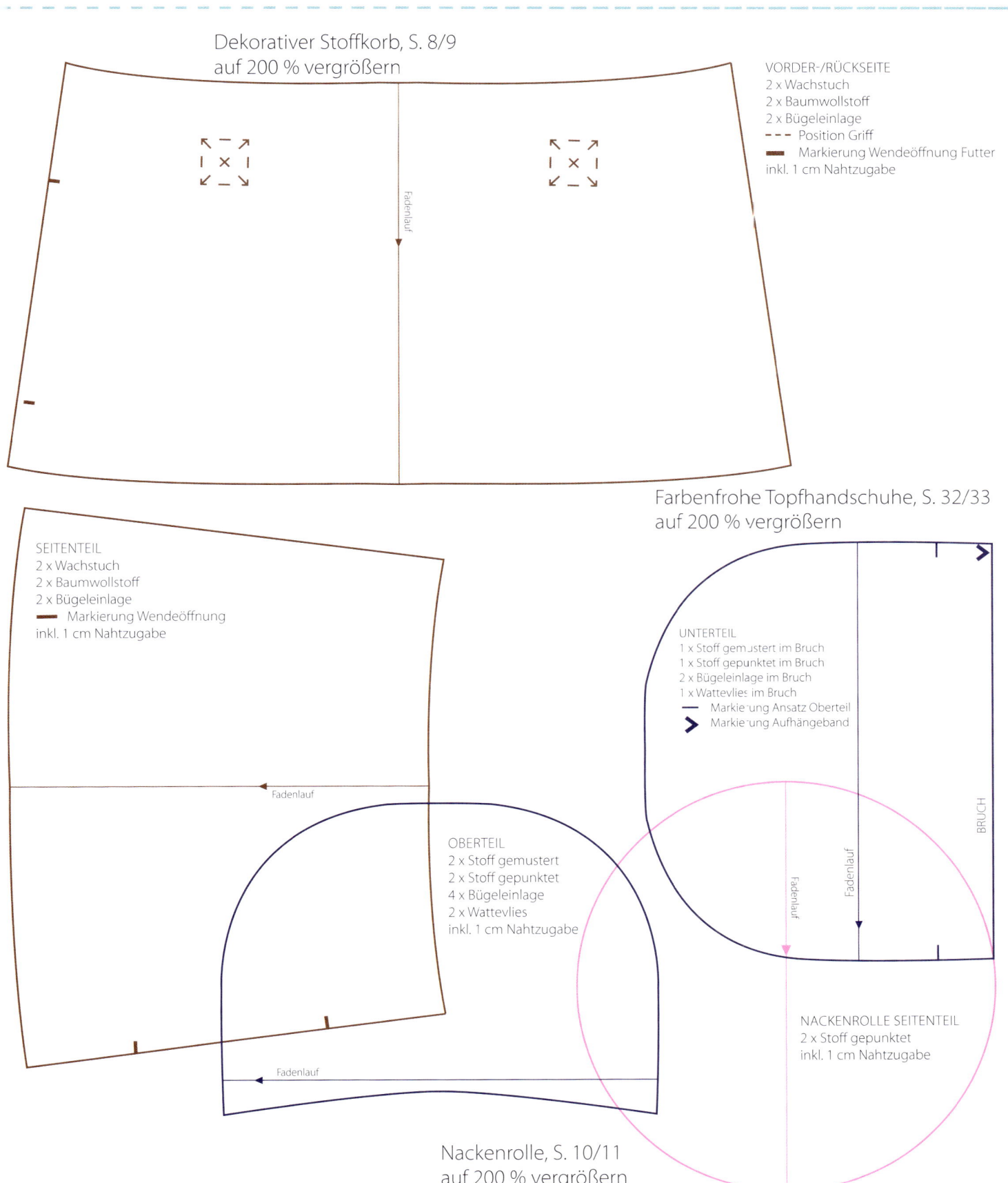

Dekorativer Stoffkorb, S. 8/9
auf 200 % vergrößern

VORDER-/RÜCKSEITE
2 x Wachstuch
2 x Baumwollstoff
2 x Bügeleinlage
- - - Position Griff
▬ Markierung Wendeöffnung Futter
inkl. 1 cm Nahtzugabe

Fadenlauf

SEITENTEIL
2 x Wachstuch
2 x Baumwollstoff
2 x Bügeleinlage
▬ Markierung Wendeöffnung
inkl. 1 cm Nahtzugabe

Farbenfrohe Topfhandschuhe, S. 32/33
auf 200 % vergrößern

UNTERTEIL
1 x Stoff gemustert im Bruch
1 x Stoff gepunktet im Bruch
2 x Bügeleinlage im Bruch
1 x Wattevlies im Bruch
── Markierung Ansatz Oberteil
❯ Markierung Aufhängeband

Fadenlauf

OBERTEIL
2 x Stoff gemustert
2 x Stoff gepunktet
4 x Bügeleinlage
2 x Wattevlies
inkl. 1 cm Nahtzugabe

BRUCH

Fadenlauf

Fadenlauf

NACKENROLLE SEITENTEIL
2 x Stoff gepunktet
inkl. 1 cm Nahtzugabe

Fadenlauf

Nackenrolle, S. 10/11
auf 200 % vergrößern

Schmucke Dekohäuschen, S. 16/17
auf 200 % vergrößern

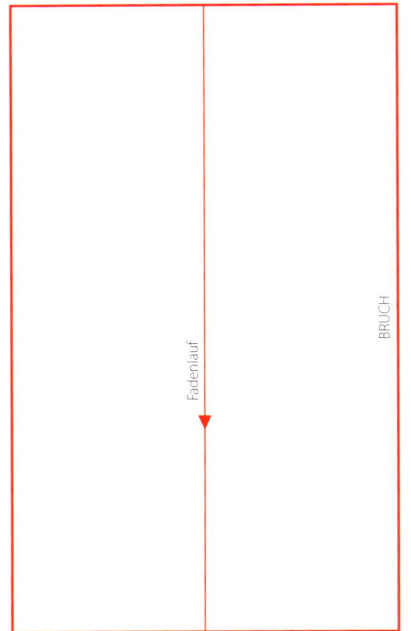

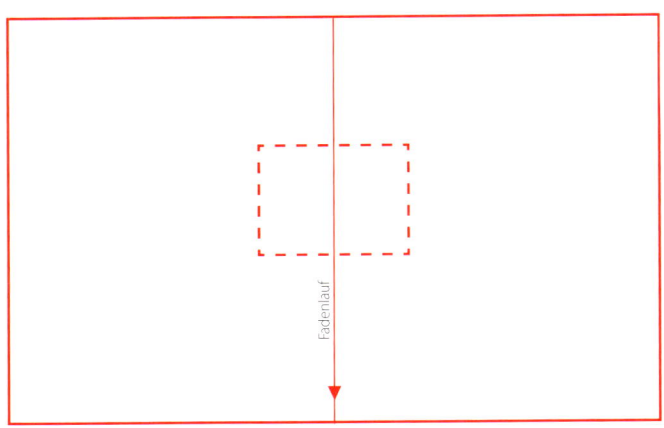

DEKOHÄUSCHEN 1
VORDER -/RÜCKSEITE
2 x Stoff gemustert
2 x Stoff in Rosa
2 x Bügeleinlage
⬚ Position Fenster
inkl. 1 cm Nahtzugabe

DEKOHÄUSCHEN 1
SEITE
2 x Stoff gemustert, davon 1 x mit Türausschnitt
2 x Stoff in Rosa, davon 1 x mit Türausschnitt
2 x Bügeleinlage, davon 1 x mit Türausschnitt
◌ Position Knopf
inkl. 1 cm Nahtzugabe

DEKOHÄUSCHEN 1 Dach
1 x Stoff kariert im Bruch
1 x Stoff in Rosa im Bruch
1 x Bügeleinlage im Bruch
inkl. 1 cm Nahtzugabe

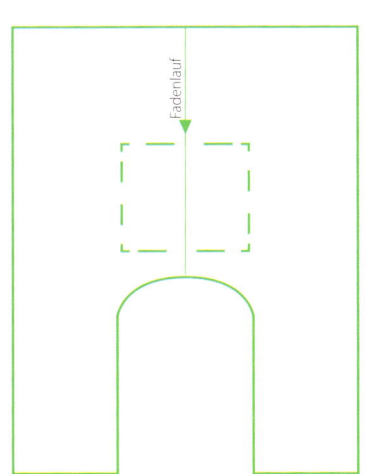

DEKOHÄUSCHEN 2
SEITE
6 x Stoff geblümt, davon 1 x mit Türausschnitt
6 x Stoff in Pink, davon 1 x mit Türausschnitt
6 x Bügeleinlage, davon 1 x mit Türausschnitt
⬚ Position Fenster
inkl. 1 cm Nahtzugabe

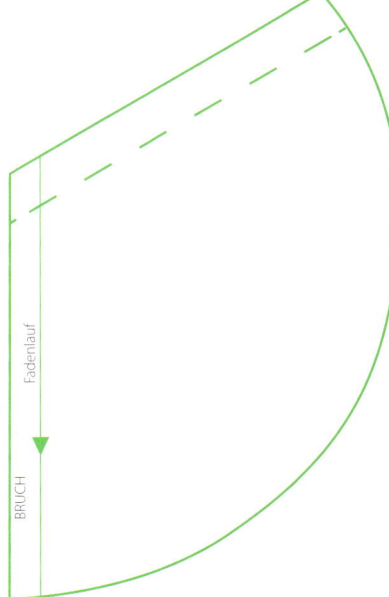

DEKOHÄUSCHEN 2
DACH
1 x Stoff kariert im Bruch
1 x Stoff in Pink im Bruch
1 x Bügeleinlage im Bruch
‒ ‒ Markierung Naht
inkl. 1 cm Nahtzugabe

Wärmflasche „Froschkönig", S. 18/19
auf 200 % vergrößern

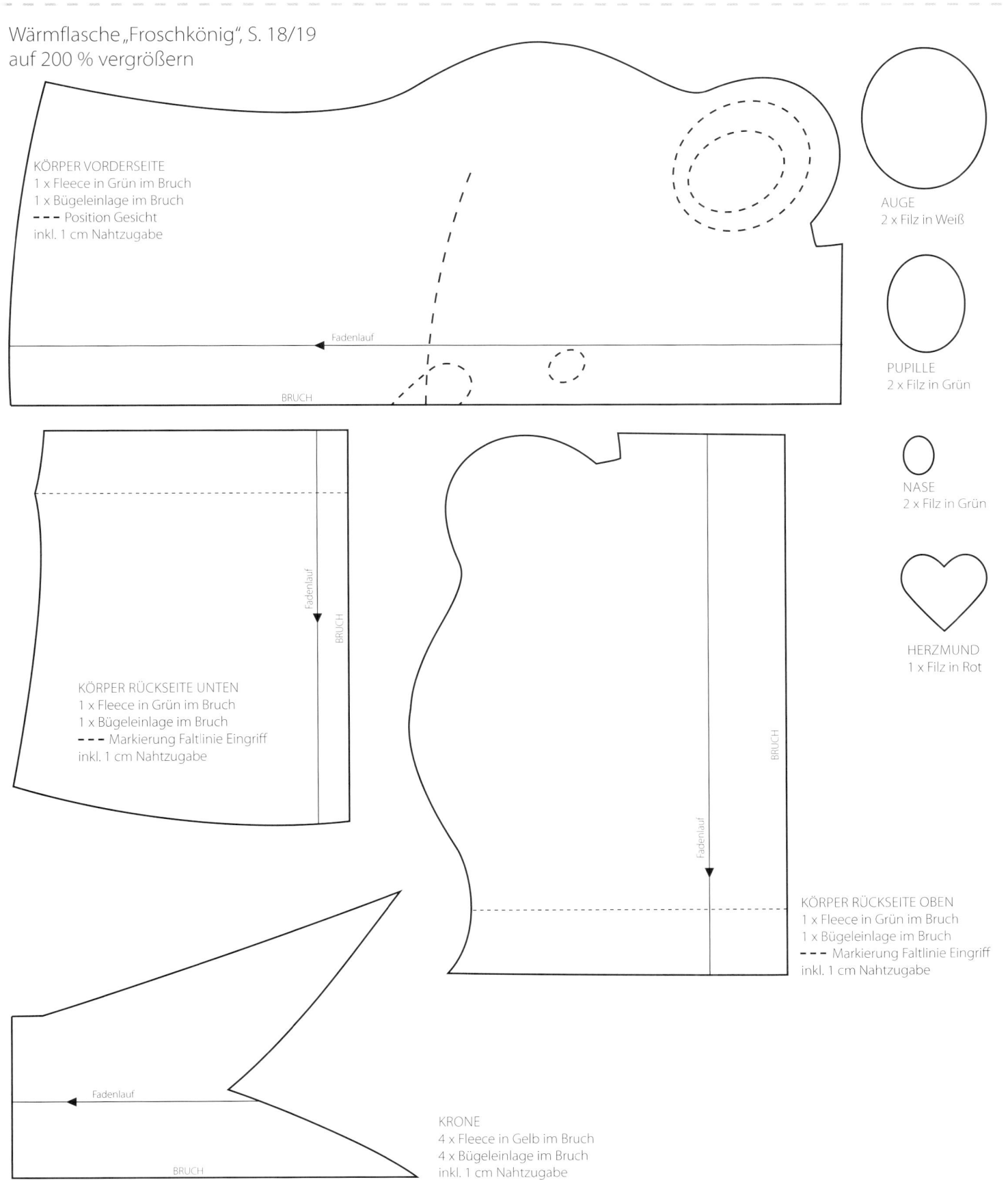

KÖRPER VORDERSEITE
1 x Fleece in Grün im Bruch
1 x Bügeleinlage im Bruch
- - - Position Gesicht
inkl. 1 cm Nahtzugabe

Fadenlauf

BRUCH

AUGE
2 x Filz in Weiß

PUPILLE
2 x Filz in Grün

NASE
2 x Filz in Grün

HERZMUND
1 x Filz in Rot

KÖRPER RÜCKSEITE UNTEN
1 x Fleece in Grün im Bruch
1 x Bügeleinlage im Bruch
- - - Markierung Faltlinie Eingriff
inkl. 1 cm Nahtzugabe

Fadenlauf

BRUCH

BRUCH

Fadenlauf

KÖRPER RÜCKSEITE OBEN
1 x Fleece in Grün im Bruch
1 x Bügeleinlage im Bruch
- - - Markierung Faltlinie Eingriff
inkl. 1 cm Nahtzugabe

Fadenlauf

KRONE
4 x Fleece in Gelb im Bruch
4 x Bügeleinlage im Bruch
inkl. 1 cm Nahtzugabe

BRUCH

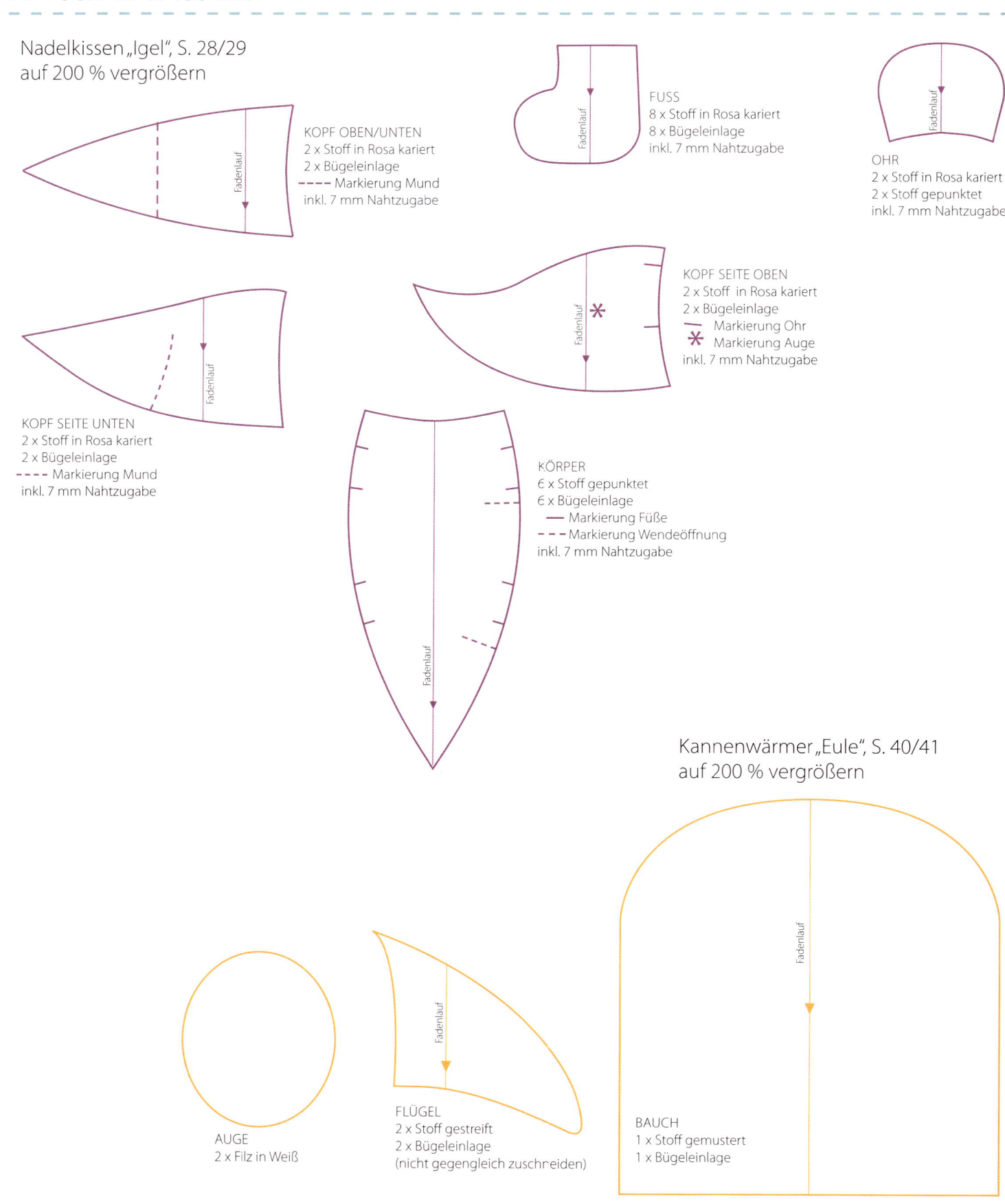

Nadelkissen „Igel", S. 28/29
auf 200 % vergrößern

KOPF OBEN/UNTEN
2 x Stoff in Rosa kariert
2 x Bügeleinlage
--- Markierung Mund
inkl. 7 mm Nahtzugabe

FUSS
8 x Stoff in Rosa kariert
8 x Bügeleinlage
inkl. 7 mm Nahtzugabe

OHR
2 x Stoff in Rosa kariert
2 x Stoff gepunktet
inkl. 7 mm Nahtzugabe

KOPF SEITE OBEN
2 x Stoff in Rosa kariert
2 x Bügeleinlage
— Markierung Ohr
✳ Markierung Auge
inkl. 7 mm Nahtzugabe

KOPF SEITE UNTEN
2 x Stoff in Rosa kariert
2 x Bügeleinlage
--- Markierung Mund
inkl. 7 mm Nahtzugabe

KÖRPER
6 x Stoff gepunktet
6 x Bügeleinlage
— Markierung Füße
--- Markierung Wendeöffnung
inkl. 7 mm Nahtzugabe

Kannenwärmer „Eule", S. 40/41
auf 200 % vergrößern

AUGE
2 x Filz in Weiß

FLÜGEL
2 x Stoff gestreift
2 x Bügeleinlage
(nicht gegengleich zuschreiden)

BAUCH
1 x Stoff gemustert
1 x Bügeleinlage

Kannenwärmer „Eule", S. 40/41
auf 200 % vergrößern

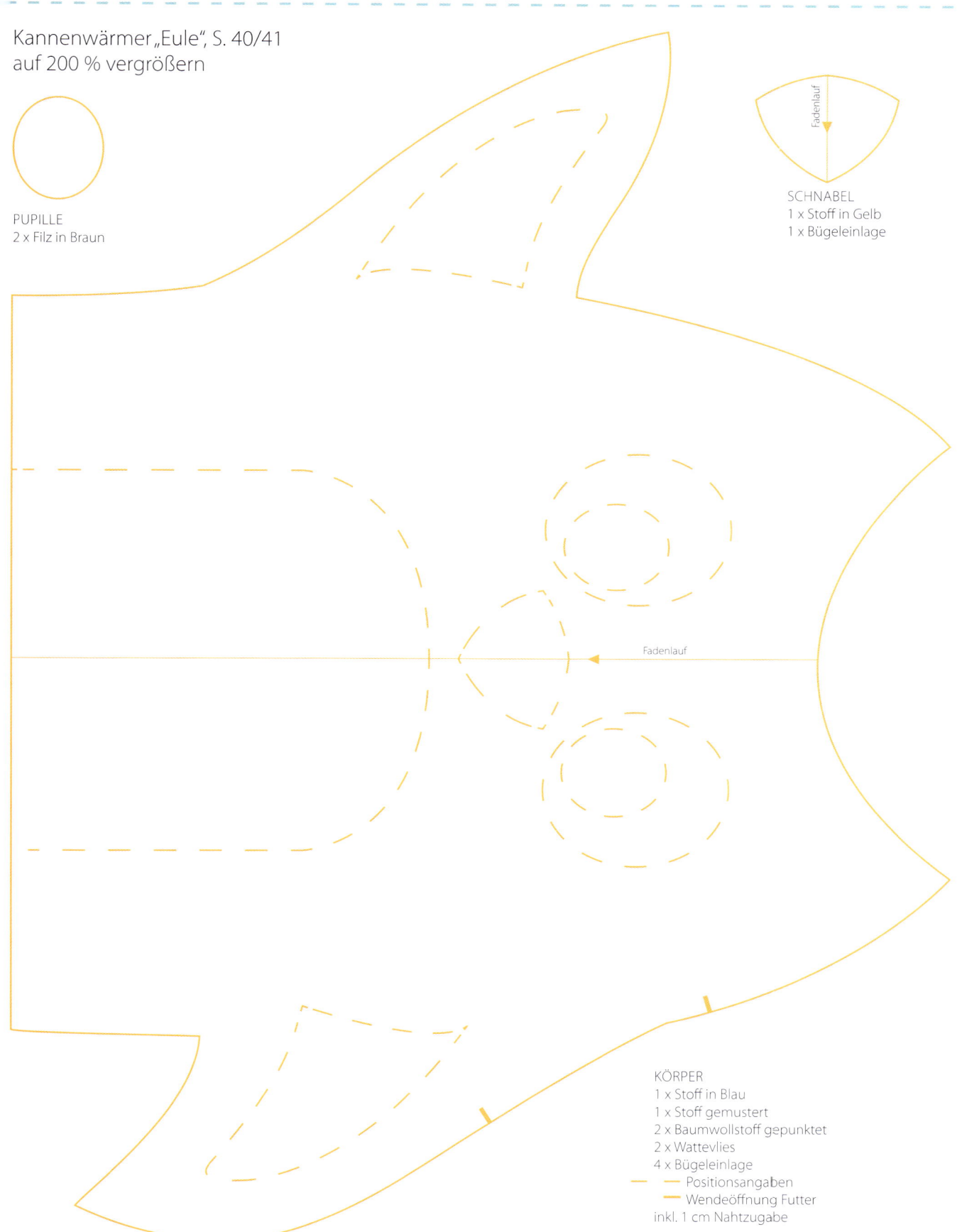

PUPILLE
2 x Filz in Braun

SCHNABEL
1 x Stoff in Gelb
1 x Bügeleinlage

Fadenlauf

Fadenlauf

KÖRPER
1 x Stoff in Blau
1 x Stoff gemustert
2 x Baumwollstoff gepunktet
2 x Wattevlies
4 x Bügeleinlage
— — Positionsangaben
— Wendeöffnung Futter
inkl. 1 cm Nahtzugabe

Robuste Pinselrolle, S. 46/47
auf 200 % vergrößern

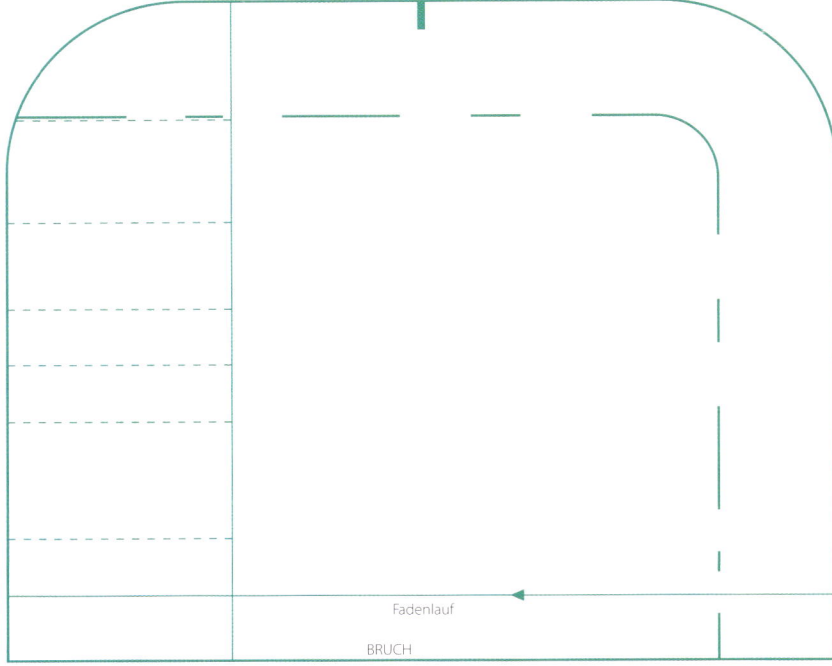

VORDER-/RÜCKSEITE
1 x Wachstuch im Bruch
1 x Stoff in Rot gepunktet im Bruch
1 x Bügeleinlage im Bruch
–·– Position Wachstuch innen
▬ Position Bindeband
– –| Position Pinselhalterung und Absteppungen

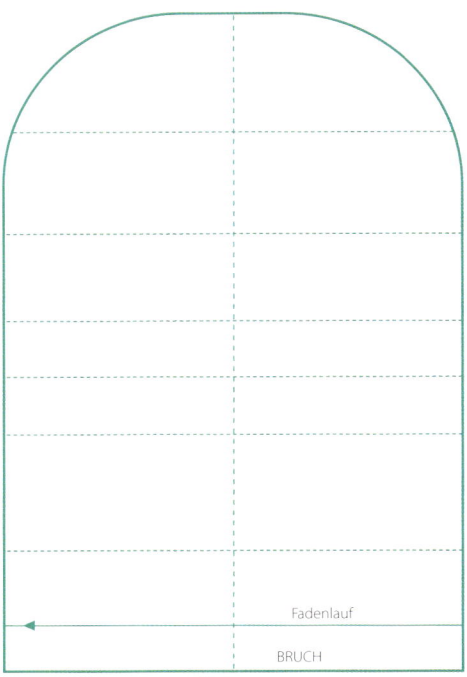

PINSELHALTERUNG
1 x Stoff in Pink gepunktet im Bruch
1 x Bügeleinlage im Bruch
—— Umbruchkante
·········· Absteppungen

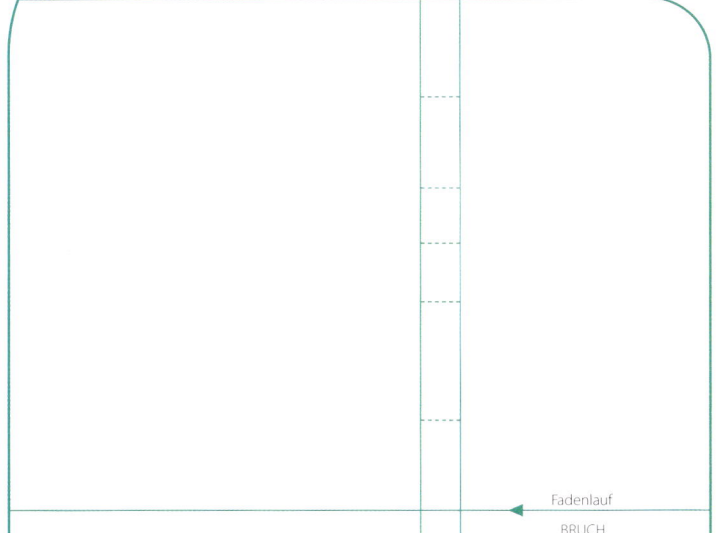

WACHSTUCH INNEN
1 x Wachstuch im Bruch
– –| Position Gummiband und Absteppungen

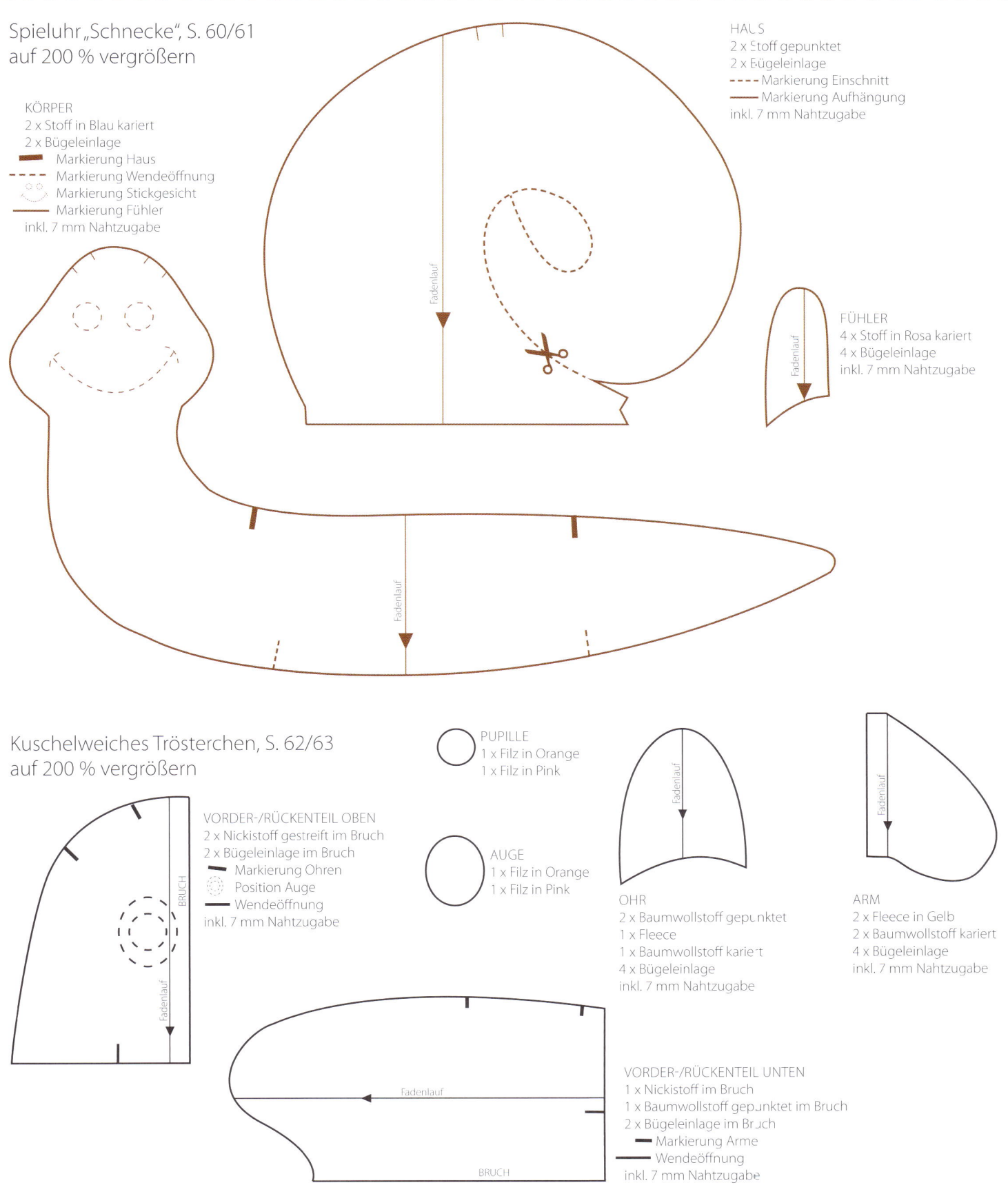

Spieluhr „Schnecke", S. 60/61
auf 200 % vergrößern

KÖRPER
2 x Stoff in Blau kariert
2 x Bügeleinlage
▬▬ Markierung Haus
╌╌╌ Markierung Wendeöffnung
⊙⊙ Markierung Stickgesicht
── Markierung Fühler
inkl. 7 mm Nahtzugabe

HALS
2 x Stoff gepunktet
2 x Bügeleinlage
╌╌╌ Markierung Einschnitt
── Markierung Aufhängung
inkl. 7 mm Nahtzugabe

FÜHLER
4 x Stoff in Rosa kariert
4 x Bügeleinlage
inkl. 7 mm Nahtzugabe

Fadenlauf

Kuschelweiches Trösterchen, S. 62/63
auf 200 % vergrößern

PUPILLE
1 x Filz in Orange
1 x Filz in Pink

AUGE
1 x Filz in Orange
1 x Filz in Pink

VORDER-/RÜCKENTEIL OBEN
2 x Nickistoff gestreift im Bruch
2 x Bügeleinlage im Bruch
▬▬ Markierung Ohren
⊙ Position Auge
── Wendeöffnung
inkl. 7 mm Nahtzugabe

BRUCH

Fadenlauf

OHR
2 x Baumwollstoff gepunktet
1 x Fleece
1 x Baumwollstoff kariert
4 x Bügeleinlage
inkl. 7 mm Nahtzugabe

ARM
2 x Fleece in Gelb
2 x Baumwollstoff kariert
4 x Bügeleinlage
inkl. 7 mm Nahtzugabe

Fadenlauf

VORDER-/RÜCKENTEIL UNTEN
1 x Nickistoff im Bruch
1 x Baumwollstoff gepunktet im Bruch
2 x Bügeleinlage im Bruch
▬▬ Markierung Arme
── Wendeöffnung
inkl. 7 mm Nahtzugabe

Fadenlauf

BRUCH

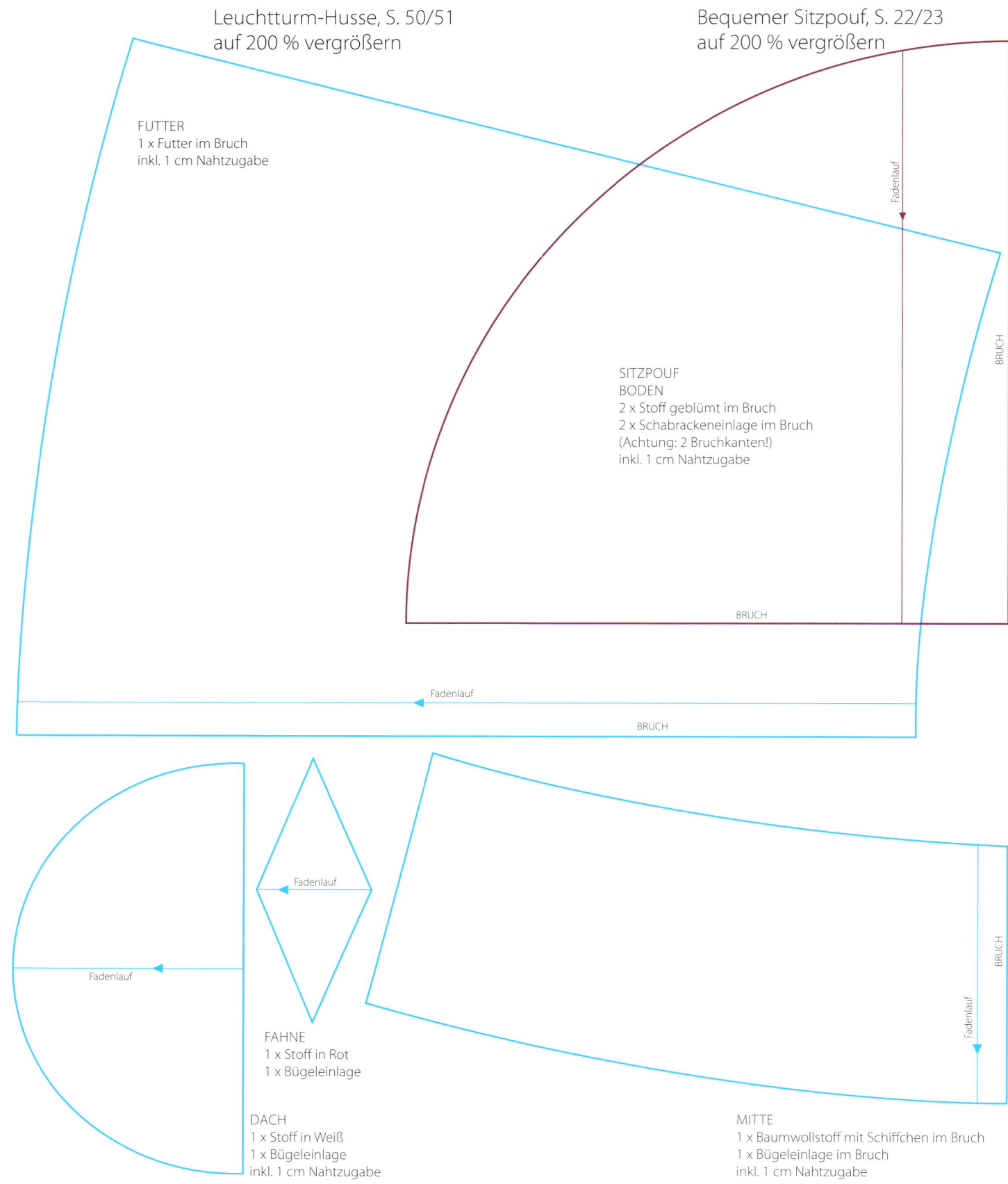

Leuchtturm-Husse, S. 50/51
auf 200 % vergrößern

Bequemer Sitzpouf, S. 22/23
auf 200 % vergrößern

FUTTER
1 x Futter im Bruch
inkl. 1 cm Nahtzugabe

Fadenlauf

SITZPOUF
BODEN
2 x Stoff geblümt im Bruch
2 x Schabrackeneinlage im Bruch
(Achtung: 2 Bruchkanten!)
inkl. 1 cm Nahtzugabe

BRUCH

BRUCH

Fadenlauf

BRUCH

Fadenlauf

Fadenlauf

Fadenlauf

BRUCH

Fadenlauf

FAHNE
1 x Stoff in Rot
1 x Bügeleinlage

DACH
1 x Stoff in Weiß
1 x Bügeleinlage
inkl. 1 cm Nahtzugabe

MITTE
1 x Baumwollstoff mit Schiffchen im Bruch
1 x Bügeleinlage im Bruch
inkl. 1 cm Nahtzugabe

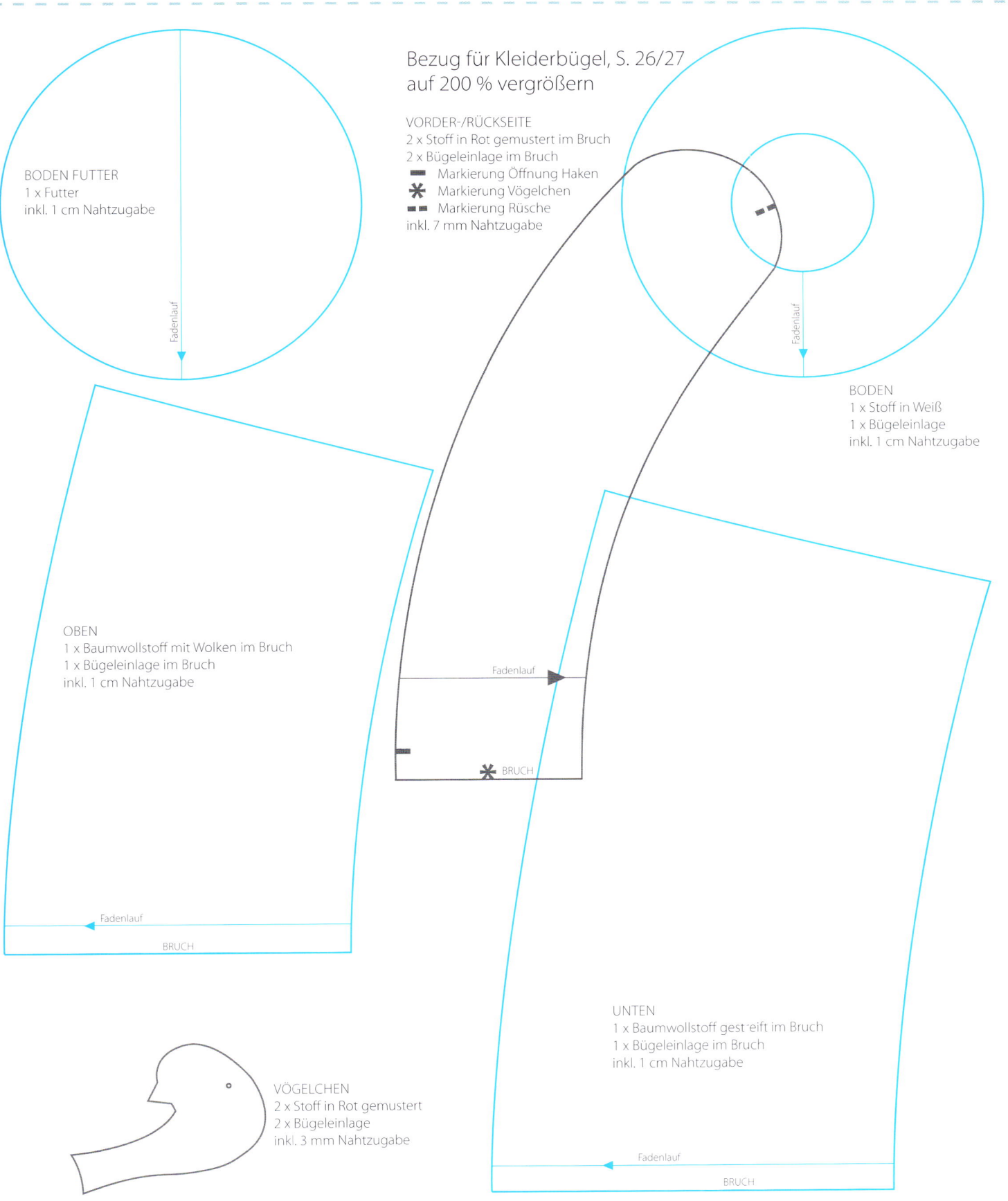

BODEN FUTTER
1 x Futter
inkl. 1 cm Nahtzugabe

Fadenlauf

Bezug für Kleiderbügel, S. 26/27
auf 200 % vergrößern

VORDER-/RÜCKSEITE
2 x Stoff in Rot gemustert im Bruch
2 x Bügeleinlage im Bruch
▬   Markierung Öffnung Haken
✳   Markierung Vögelchen
▬▬   Markierung Rüsche
inkl. 7 mm Nahtzugabe

Fadenlauf

BODEN
1 x Stoff in Weiß
1 x Bügeleinlage
inkl. 1 cm Nahtzugabe

OBEN
1 x Baumwollstoff mit Wolken im Bruch
1 x Bügeleinlage im Bruch
inkl. 1 cm Nahtzugabe

Fadenlauf

✳ BRUCH

Fadenlauf
BRUCH

UNTEN
1 x Baumwollstoff gestreift im Bruch
1 x Bügeleinlage im Bruch
inkl. 1 cm Nahtzugabe

VÖGELCHEN
2 x Stoff in Rot gemustert
2 x Bügeleinlage
inkl. 3 mm Nahtzugabe

Fadenlauf
BRUCH

Wimpelkette im Mustermix, S. 54/55
auf 200 % vergrößern

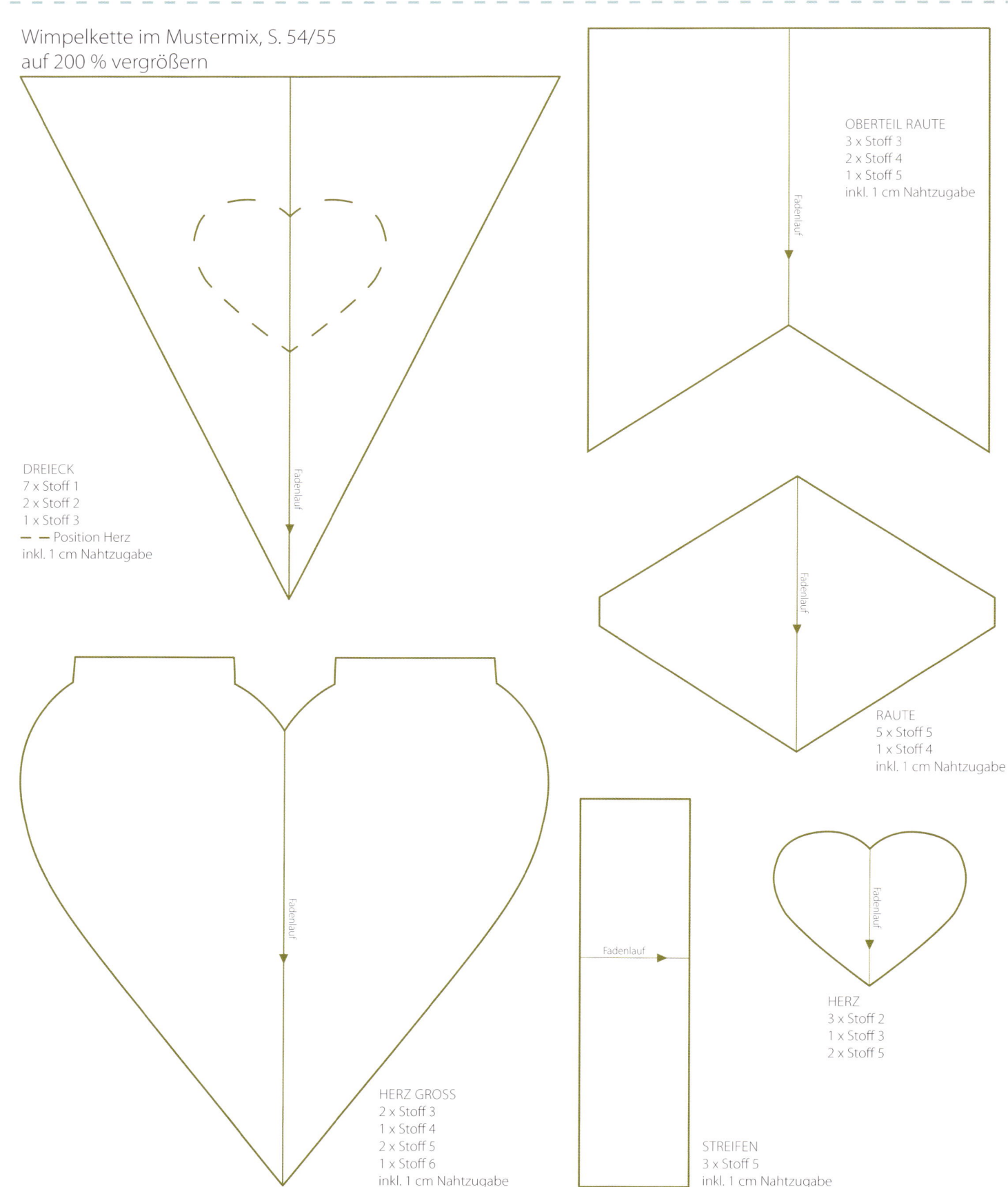

DREIECK
7 x Stoff 1
2 x Stoff 2
1 x Stoff 3
— — Position Herz
inkl. 1 cm Nahtzugabe

OBERTEIL RAUTE
3 x Stoff 3
2 x Stoff 4
1 x Stoff 5
inkl. 1 cm Nahtzugabe

Fadenlauf

RAUTE
5 x Stoff 5
1 x Stoff 4
inkl. 1 cm Nahtzugabe

HERZ GROSS
2 x Stoff 3
1 x Stoff 4
2 x Stoff 5
1 x Stoff 6
inkl. 1 cm Nahtzugabe

STREIFEN
3 x Stoff 5
inkl. 1 cm Nahtzugabe

HERZ
3 x Stoff 2
1 x Stoff 3
2 x Stoff 5

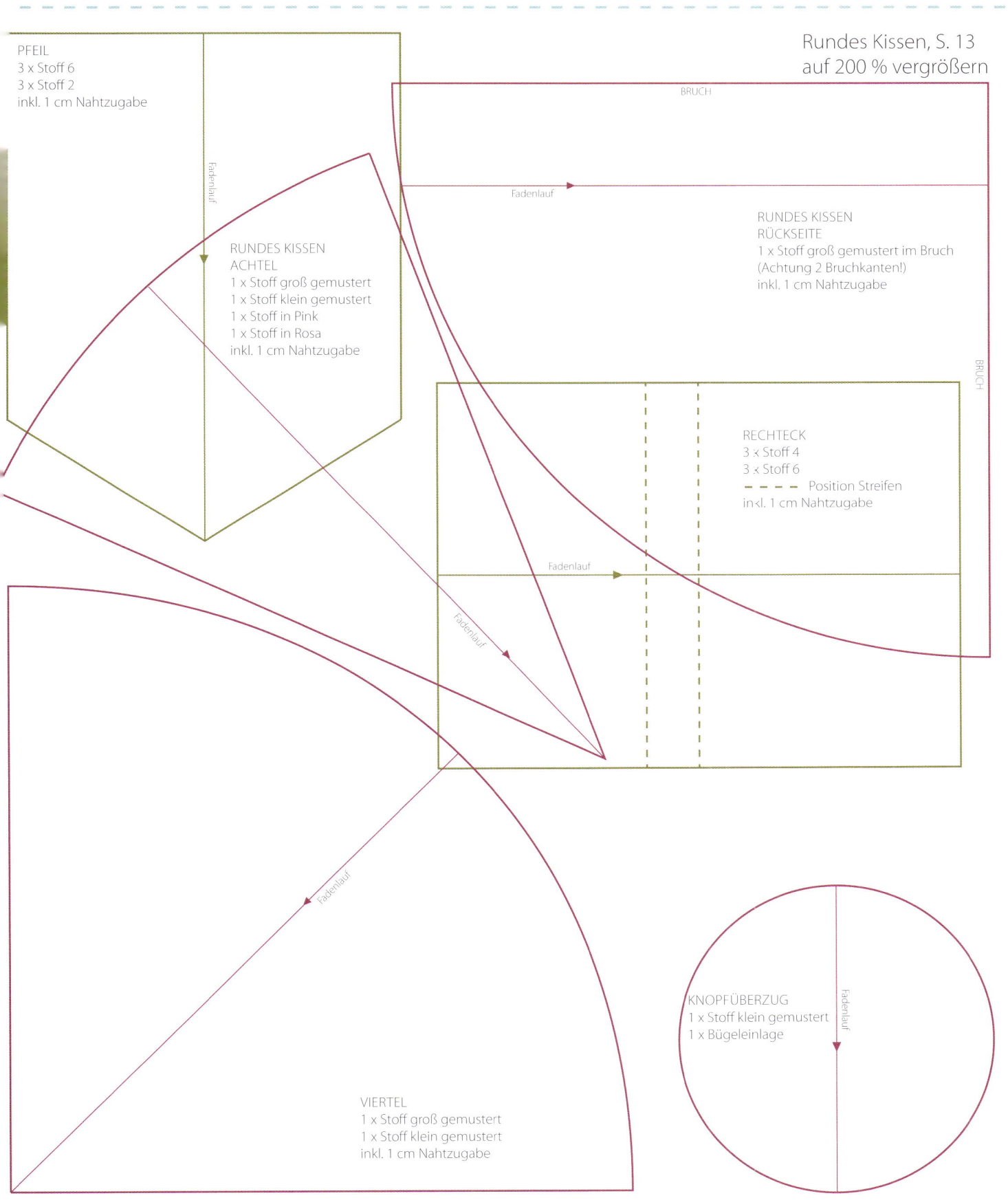

PFEIL
3 x Stoff 6
3 x Stoff 2
inkl. 1 cm Nahtzugabe

Rundes Kissen, S. 13
auf 200 % vergrößern

BRUCH

Fadenlauf

Fadenlauf

RUNDES KISSEN
RÜCKSEITE
1 x Stoff groß gemustert im Bruch
(Achtung 2 Bruchkanten!)
inkl. 1 cm Nahtzugabe

BRUCH

RUNDES KISSEN
ACHTEL
1 x Stoff groß gemustert
1 x Stoff klein gemustert
1 x Stoff in Pink
1 x Stoff in Rosa
inkl. 1 cm Nahtzugabe

RECHTECK
3 x Stoff 4
3 x Stoff 6
– – – Position Streifen
inkl. 1 cm Nahtzugabe

Fadenlauf

Fadenlauf

Fadenlauf

KNOPFÜBERZUG
1 x Stoff klein gemustert
1 x Bügeleinlage

Fadenlauf

VIERTEL
1 x Stoff groß gemustert
1 x Stoff klein gemustert
inkl. 1 cm Nahtzugabe

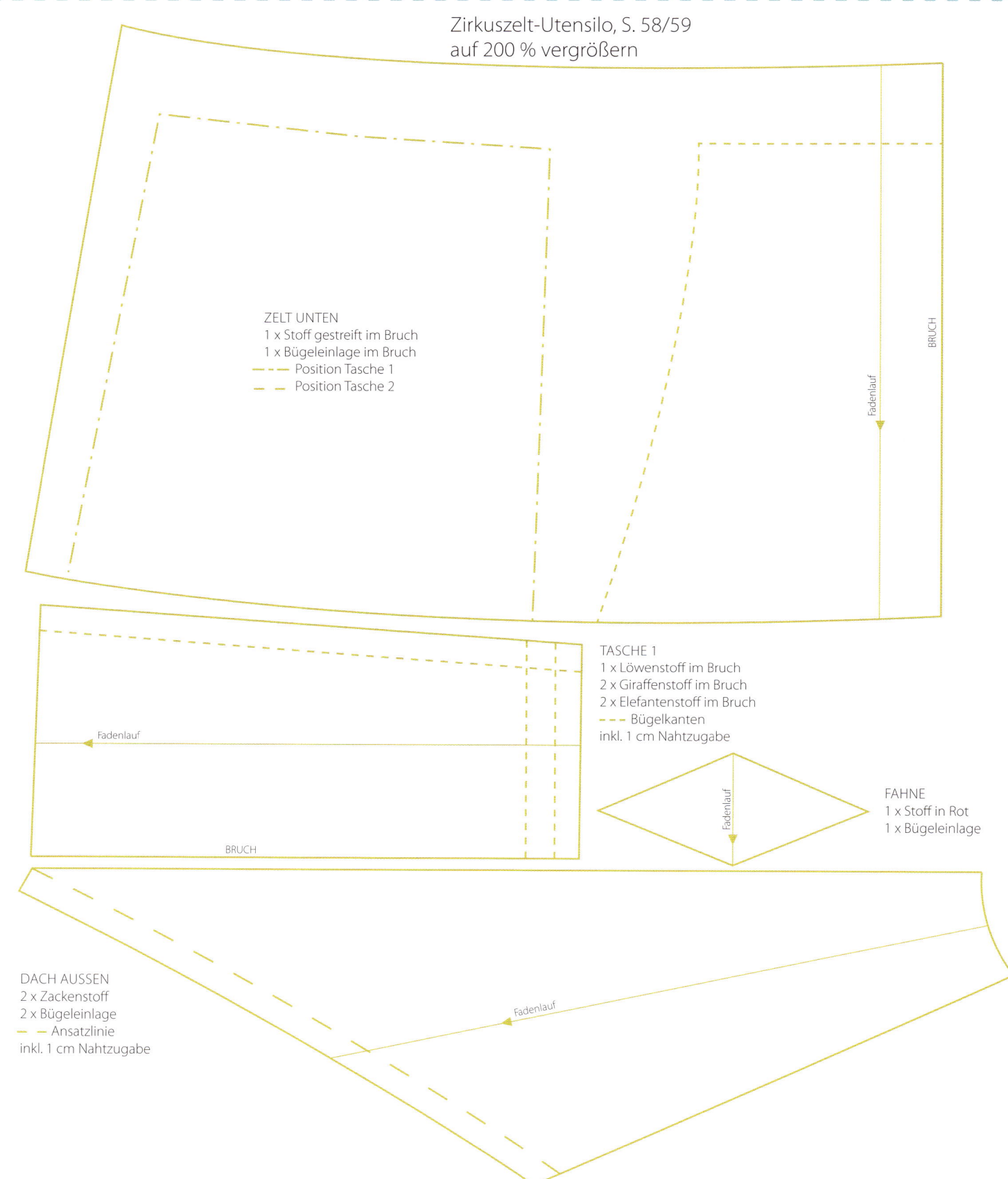

Zirkuszelt-Utensilo, S. 58/59
auf 200 % vergrößern

ZELT UNTEN
1 x Stoff gestreift im Bruch
1 x Bügeleinlage im Bruch
— · — Position Tasche 1
— — Position Tasche 2

BRUCH

Fadenlauf

TASCHE 1
1 x Löwenstoff im Bruch
2 x Giraffenstoff im Bruch
2 x Elefantenstoff im Bruch
— — Bügelkanten
inkl. 1 cm Nahtzugabe

Fadenlauf

BRUCH

Fadenlauf

FAHNE
1 x Stoff in Rot
1 x Bügeleinlage

DACH AUSSEN
2 x Zackenstoff
2 x Bügeleinlage
— — Ansatzlinie
inkl. 1 cm Nahtzugabe

Fadenlauf

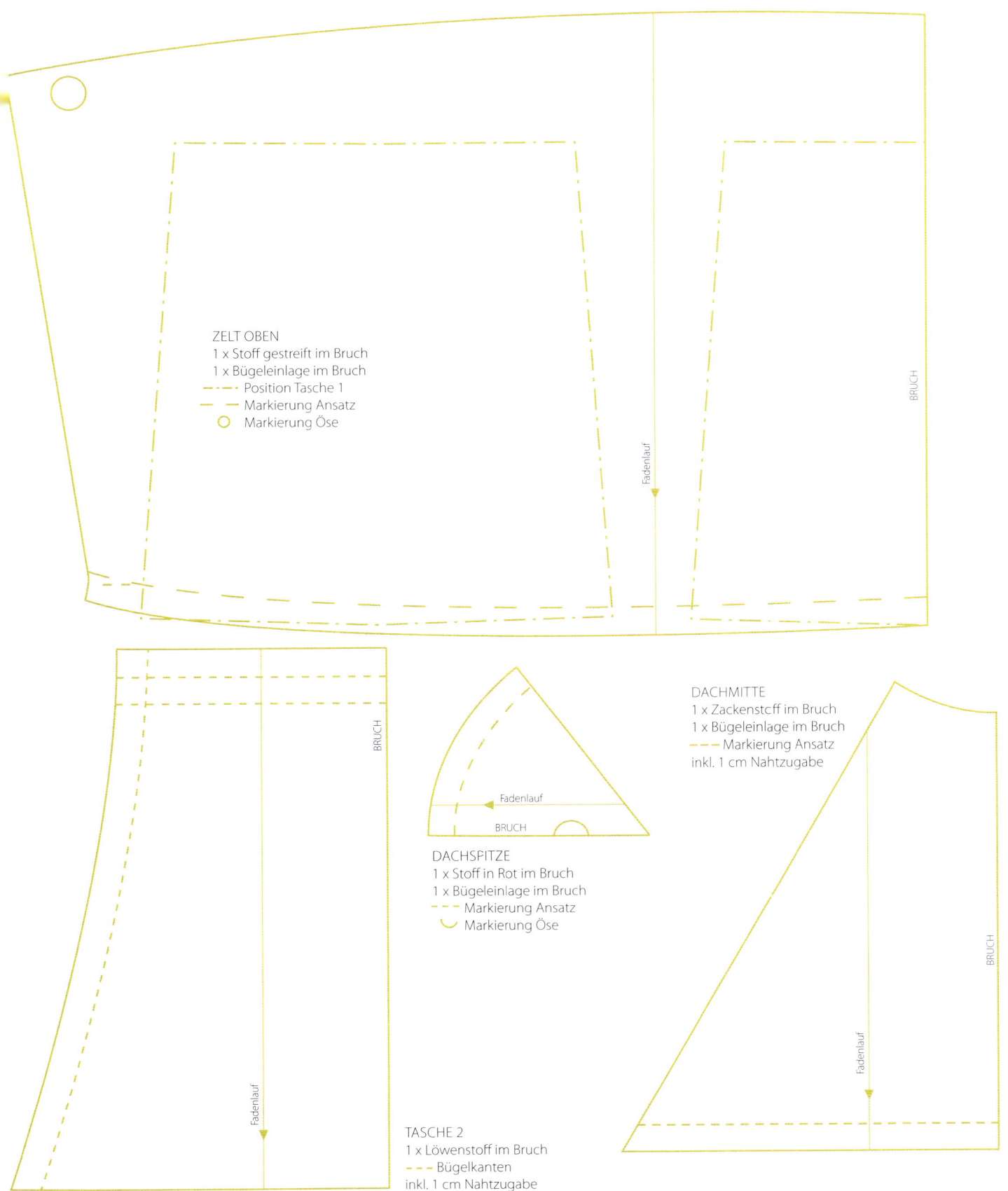

ZELT OBEN
1 x Stoff gestreift im Bruch
1 x Bügeleinlage im Bruch
— · — · Position Tasche 1
— — Markierung Ansatz
◯ Markierung Öse

Fadenlauf

BRUCH

DACHSPITZE
1 x Stoff in Rot im Bruch
1 x Bügeleinlage im Bruch
— — Markierung Ansatz
⌣ Markierung Öse

Fadenlauf

BRUCH

DACHMITTE
1 x Zackenstcff im Bruch
1 x Bügeleinlage im Bruch
— — Markierung Ansatz
inkl. 1 cm Nahtzugabe

Fadenlauf

BRUCH

BRUCH

Fadenlauf

TASCHE 2
1 x Löwenstoff im Bruch
— — Bügelkanten
inkl. 1 cm Nahtzugabe

Monster-Sitzsack, S. 56/57
auf 400 % vergrößern

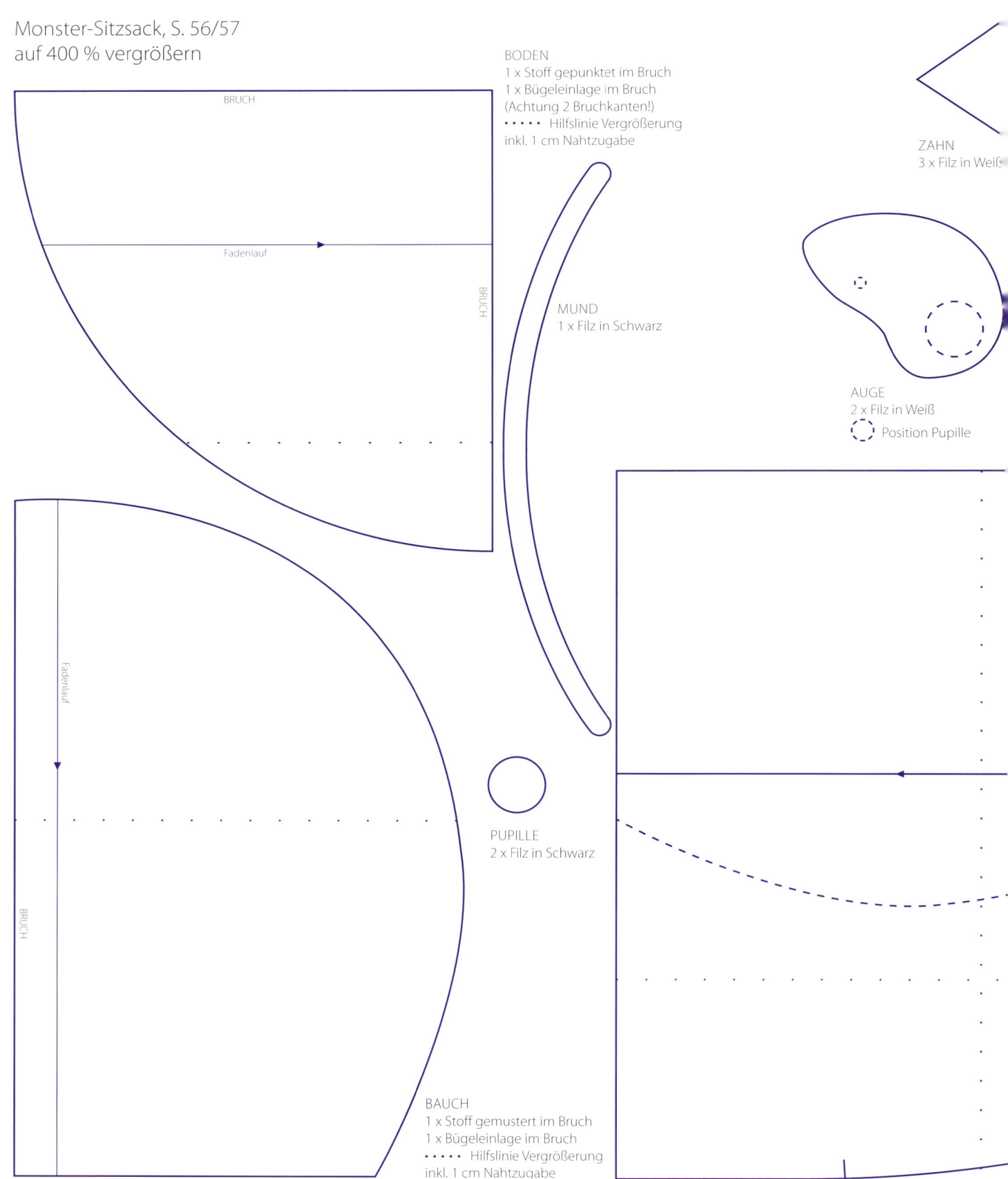

BODEN
1 x Stoff gepunktet im Bruch
1 x Bügeleinlage im Bruch
(Achtung 2 Bruchkanten!)
· · · · Hilfslinie Vergrößerung
inkl. 1 cm Nahtzugabe

BRUCH

BRUCH

Fadenlauf

ZAHN
3 x Filz in Weiß

MUND
1 x Filz in Schwarz

AUGE
2 x Filz in Weiß
Position Pupille

Fadenlauf

BRUCH

PUPILLE
2 x Filz in Schwarz

BAUCH
1 x Stoff gemustert im Bruch
1 x Bügeleinlage im Bruch
· · · · Hilfslinie Vergrößerung
inkl. 1 cm Nahtzugabe

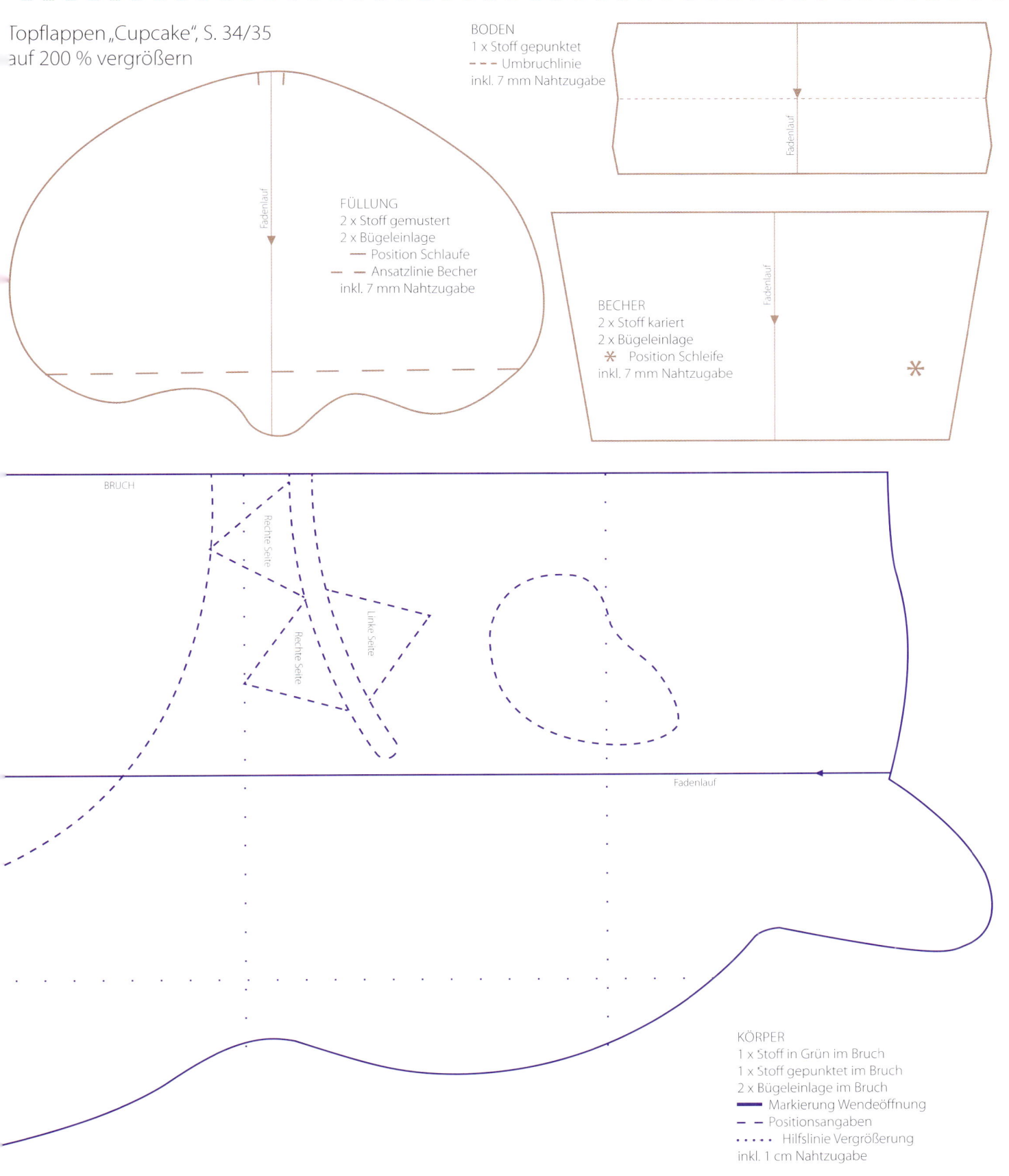

Topflappen „Cupcake", S. 34/35
auf 200 % vergrößern

BODEN
1 x Stoff gepunktet
--- Umbruchlinie
inkl. 7 mm Nahtzugabe

Fadenlauf

FÜLLUNG
2 x Stoff gemustert
2 x Bügeleinlage
—— Position Schlaufe
— — Ansatzlinie Becher
inkl. 7 mm Nahtzugabe

Fadenlauf

BECHER
2 x Stoff kariert
2 x Bügeleinlage
✳ Position Schleife
inkl. 7 mm Nahtzugabe

BRUCH

Rechte Seite

Linke Seite

Rechte Seite

Fadenlauf

KÖRPER
1 x Stoff in Grün im Bruch
1 x Stoff gepunktet im Bruch
2 x Bügeleinlage im Bruch
—— Markierung Wendeöffnung
— — Positionsangaben
• • • Hilfslinie Vergrößerung
inkl. 1 cm Nahtzugabe

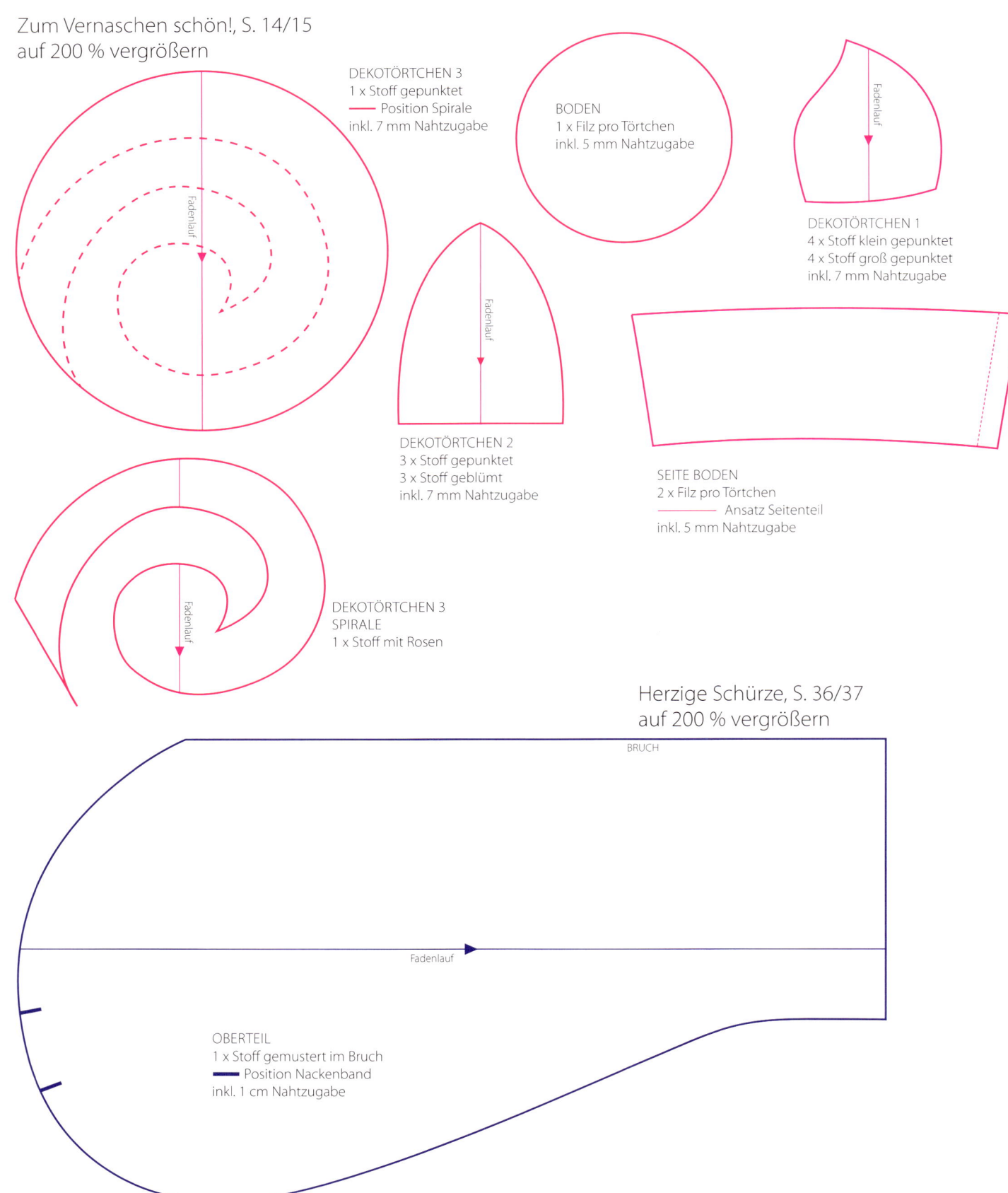

Zum Vernaschen schön!, S. 14/15
auf 200 % vergrößern

DEKOTÖRTCHEN 3
1 x Stoff gepunktet
—— Position Spirale
inkl. 7 mm Nahtzugabe

BODEN
1 x Filz pro Törtchen
inkl. 5 mm Nahtzugabe

DEKOTÖRTCHEN 1
4 x Stoff klein gepunktet
4 x Stoff groß gepunktet
inkl. 7 mm Nahtzugabe

DEKOTÖRTCHEN 2
3 x Stoff gepunktet
3 x Stoff geblümt
inkl. 7 mm Nahtzugabe

SEITE BODEN
2 x Filz pro Törtchen
—— Ansatz Seitenteil
inkl. 5 mm Nahtzugabe

DEKOTÖRTCHEN 3
SPIRALE
1 x Stoff mit Rosen

Herzige Schürze, S. 36/37
auf 200 % vergrößern

BRUCH

Fadenlauf

OBERTEIL
1 x Stoff gemustert im Bruch
—— Position Nackenband
inkl. 1 cm Nahtzugabe